新时代思政课程建设研究

苏杭◎著

吉林大学出版社
·长春·

图书在版编目（CIP）数据

新时代思政课程建设研究 / 苏杭著 . -- 长春 : 吉林大学出版社 , 2022.6
ISBN 978-7-5768-0894-0

Ⅰ.①新… Ⅱ.①苏… Ⅲ.①高等学校—思想政治教育—研究—中国 Ⅳ.① G641

中国版本图书馆 CIP 数据核字 (2022) 第 197859 号

书　　名	新时代思政课程建设研究
	XINSHIDAI SIZHENG KECHENG JIANSHE YANJIU
作　者	苏　杭　著
策划编辑	殷丽爽
责任编辑	董贵山
责任校对	殷丽爽
装帧设计	李文文
出版发行	吉林大学出版社
社　　址	长春市人民大街 4059 号
邮政编码	130021
发行电话	0431-89580028/29/21
网　　址	http://www.jlup.com.cn
电子邮箱	jldxcbs@sina.com
印　　刷	天津和萱印刷有限公司
开　　本	787mm×1092mm　1/16
印　　张	12
字　　数	180 千字
版　　次	2023 年 1 月　第 1 版
印　　次	2023 年 1 月　第 1 次
书　　号	ISBN 978-7-5768-0894-0
定　　价	72.00 元

版权所有　翻印必究

前　言

大学阶段，是青年学生成长的关键时期，其思维意识和政治素养将直接影响国家和民族未来的发展。高校学生是高校思想政治教育活动开展的主要对象，有效开展思想政治理论教育，在一定程度上影响着青年学生科学世界观、人生观和价值观的形成，影响着他们的思想倾向和价值追求。因此，高校思想政治教育建设尤为重要。

互联网的发展，使传统教育被赋予了新的活力与生机。在信息技术时代，高校的思政课程如何因时而进、因势而新，改革创新思政课程，不断增强思政课程的思想性、理论性、亲和力、有效性，是高校思想政治教育的一项重大课题。

理论的建设与发展离不开实践的探索，实践是高校学生增长才干的重要途径，也是思政课程不可或缺的重要组成部分。当前，思政课的实践教学还存在着诸多不足，更应该被重视和加强。

本书第一章为思想政治教育教学论，介绍了三个方面的内容，分别是高校思想政治教育概述、高校思想政治教育的发展现状，以及高校思想政治教育的教学探索；本书第二章为思想政治课程概述，主要介绍了四个方面的内容，分别是思想政治课程的历史沿革、思想政治课程的功能任务、高校思政课程体系的创新优化及高校学生对思想政治课程的认同与获得；本书第三章为"互联网+"时代高校思政课程的改革与发展，介绍了三个方面的内容，依次是"互联网+"时代对高校思想政治教育的影响、基于互联网教学平台的思政课改革、"互联网+"时代思政课程教育者的应对策略；本书第四章为思政课程与"课程思政"协同发展，主要包含了三个方面的内容，分别为思政课程与"课程思政"概述、思政课程与"课程思政"协同发展，以及思政课程与"课程思政"协同发展的对策；本书第五章为新时期思政课程实践教学的发展，主要介绍了三个方面的内容，依次为思政课实践教学概述、思政课实践教学的现状，以及高校思政课实践教学模式。

在撰写本书的过程中，作者得到了许多专家学者的帮助和指导，参考了大量的学术文献，在此表示真诚的感谢。本书内容系统全面，论述条理清晰、深入浅出，但由于作者水平有限，书中难免会有疏漏之处，希望广大同行及时指正。

作者

2021 年 7 月

目 录

第一章 思想政治教育教学论 …………………………………… 1
- 第一节 高校思想政治教育概述 …………………………… 1
- 第二节 高校思想政治教育的发展现状 …………………… 11
- 第三节 高校思想政治教育的教学探索 …………………… 17

第二章 思想政治课程概述 ……………………………………… 29
- 第一节 思想政治课程的历史沿革 ………………………… 29
- 第二节 思想政治课程的功能任务 ………………………… 34
- 第三节 高校思政课程体系的创新优化 …………………… 38
- 第四节 当前高校学生对思想政治课程的认同与获得 …… 55

第三章 "互联网+"时代高校思政课程的改革与发展 ………… 75
- 第一节 "互联网+"时代对高校思想政治教育的影响 …… 75
- 第二节 基于互联网教学平台的思政课改革 ……………… 85
- 第三节 "互联网+"时代思政课程教育者的应对策略 …… 97

第四章 思政课程与"课程思政"协同发展 …………………… 105
- 第一节 思政课程与"课程思政"概述 …………………… 105
- 第二节 思政课程与"课程思政"协同发展 ……………… 107
- 第三节 思政课程与"课程思政"协同发展的对策 ……… 113

第五章　新时期思政课实践教学的发展 …………………………… 129

第一节　思政课实践教学概述 ………………………………… 129
第二节　思政课实践教学的现状 ……………………………… 132
第三节　高校思政课实践教学模式 …………………………… 133

参 考 文 献 …………………………………………………………… 183

第一章 思想政治教育教学论

我国自古以来便是礼仪之邦，对思想政治教育的重视也一直是有目共睹的。而对于思想政治教学的历史渊源可以一直追溯到原始社会。本章将从三个小节入手，对我国高校思想政治教育、高校思想政治的发展现状及高校思想政治教育的教学探索进行阐述。

第一节 高校思想政治教育概述

一、我国思想政治教育的历史渊源

（一）原始社会中朴素原始的德育内容

在原始社会中，人区别于动物便是从使用工具进行劳动开始的。伴随着集体生活中意识、情感、智慧的觉醒，在人与人的交往之中，人所独有的德行的萌芽也得以生长。其中包括天生具备的集体生活的意识，以及相互依存的集体精神。

（二）古代中国思想政治教育

我国的文化底蕴、历史根基非常深厚。在夏周时期，我国的教育就已经成形，并开始展现出思想政治教育的雏形，但多以口头说教的形式进行。随着我国进入封建社会，我国古代的思想教育理论逐渐变得成熟。当时的各种教育思想在社会当中都有很多的支持者，教育思想理论各成一派，形成了百家争鸣的繁盛局面。其中，以孔子为代表的儒家思想备受推崇，奠定了我国封建社会以儒家思想为主流的思想政治教育理论。因此，传统的儒家思想在封建社会的思想政治教育中占据着主导地位。

我国古代每一时期的思想政治教育理论都有其鲜明的时代性，但总体而言，古代的思想政治教育将道德教育放在了首位，其德育的内容可以概括为以下两点。

1. 德育与政治相联系

政治教育、思想教育、道德教育都与君权统治有很大关系，受当时的政治、宗教等社会意识形态的影响，思想政治教育内容更多的是为政治教育而服务。

2. 德育内容已渐趋繁荣

先秦及之后的"百家争鸣"现象展现了非常丰富的德育内容。很多思想在现代也有极大的研究意义，比如法家的"法制"教育、道家的"寻道"思想等，为我国思想政治教育史留下了非常灿烂的色彩。

（三）近现代中国的思想政治教育

近代以来我国思想政治教学开始呈现学科化特点。清末时期，在中国传统道德教育理念的基础上，资产阶级自由、平等、民主思想不断渗透。在推翻帝制建立民国之后，开始倡导公民教育，开始出现"公民"课。而真正意义上的思想政治课是中华人民共和国成立之后产生的，其间经历了复杂的创立发展与改革创新过程。改革开放以来，我国不仅在政治经济上迎来了全新的时代，在教育上也迎来了新的契机。党的十四大确定了市场经济的发展模式，标志着我国由改革开放之前的计划经济进入了根据市场来调节的市场经济。随着我国经济的飞速发展，教育思想也受到了很大影响，国人的思想开始转变。

现今思想政治教学是我国学校德育的主要途径，是我国精神文明建设的基础和主要形式。我国思想政治教学致力于培养学生高尚的道德情操，帮助学生养成良好习惯，培养全面发展的人才。这符合我国精神文明建设的思想建设工作。

二、思想政治教育的其他学科视角

（一）教育学作为知识借鉴

教育学为思政教育如何组建课程活动、开展实践活动提供了客观依据，并从教师角度入手揭示了教师如何规范地实施教学过程、学生如何高效地参与到教学活动当中，为教学进行打造一套可遵从的规范的同时，还必须要注意保持和教育学研究的核心内容相一致。要从教育学中的关注点，即通过德育来探讨内容、原则、方法和评价的确定。通过教育学中关于教学方式的论述，和思想政治教育教学中开展的形式多样的教学活动，在具体过程中引导学生将课本理论与实际相结合，达到实践育人的目的。这一点也是与教育学融会贯通的地方。

（二）社会学作为理论支撑

社会学是从特定层面、特定角度对作为社会主体的人，以及人与社会的复杂关系进行分析研究的一门学科。

首先，在高校思想政治理论课实践教学活动当中，高校学生通过实践教学活动接受思想熏陶和教育。思政课实践教学的育人作用最直观的体现，就在于高校学生在实践教学过程中的社会化，这也正是社会学的主要研究对象。

其次，当代高校学生通过投入社会亲身参与到实践教学活动当中，一方面，可以提前熟知社会规则，掌握一定的社会技能与社会规范；另一方面，通过与社会相关行业人士的交流，进行一定的社会角色感悟，从而对社会的认知进一步加深，提前体验社会生活，这在一定程度上为高校学生尽快适应社会生活打下了基础。

（三）心理学提供相关依据

掌握心理学在教育中对人的影响过程，是思想政治教育进行构建的基本点。在思想政治教育过程中，心理学的相关理论和方法能将学生思想品德形成过程的心理活动展现得淋漓尽致，深入挖掘如何构建切实可行的教学过程，可以揭示学生在教学活动中个体知、情、意、行等方面的心理变化。在分析研究这一过程的基础上，要抓住内部规律，构建适应学生心理特点的思想政治教育。此外，心理学中需要、动机和意识的形成等相关理论，也为思想政治教育的研究寻找了新的切入点，使构建的思政课教学具有全面性与广泛性，经得住各门学科的检验。

三、高校思想政治教育概述

（一）基本理论概述

1. 思想政治理论教育

高校通过思想政治理论课的课程学习，加深了高校学生的思想政治知识底蕴。高校的理论灌输法不仅体现在相关的课程中，也体现在通过党组织推优及党员培养的方式进行思想政治教育的过程中。

①通过对团员的推优，安排其学习党课知识、配合完成党内实践活动等，在思想政治教育的过程中完成团员向党员政治身份的转变；

②通过对党员党内知识的培训和提高，以及定期召开党内学习会议等活动，一方面考查和考核学生的思想意识和行为道德，另一方面强化了学生的政治素养。这种教育方式一般以非固定课程教育的形式在高校学生中开展。这些理论课程，不仅包含了对马克思基本原理、方法及思想精髓的讲授，还包括对马克思主义中国化的具体内容的讲授。

2. 通过实践锻炼法开展教育活动

简而言之，就是通过计划合理、目的明确的理念引导，和组织高校学生参加形式多样的能够提升其思想意识和道德素质的社会实践性活动。在多样化的实践锻炼活动选择中，既要顾及高校学生的年龄特点、性格特征、学习能力及不同年级等多方面因素，也要同时兼顾将适当的教学内容加以融入，彰显实践活动的教育性。通过实践教育活动，可以提升高校学生的思想觉悟和认知能力，强化理论灌输的教育知识和内容，达到理论知识内化的目的。但是，为数不多的实践活动所呈现的教育力度和成效是微乎其微的，因此高校只有长期坚持实践锻炼活动，才能使高校学生在反复的锻炼中提升认知,并将认知内化为自身信念。

3. 提供咨询辅导

除此之外,高校思想政治教育的方式还包括咨询辅导法。该方法指教育者通过语言、文字等形式,并结合专业的科学理论和指导技巧,对受教育者进行思想启发和心理引导。

(二) 根本任务

在党的十九大报告中,习近平总书记明确指出:"要全面贯彻党的教育方针,落实立德树人根本任务,发展素质教育,推进教育公平,培养德智体美全面发展的社会主义建设者和接班人。"

(三) 主要特征

1. 综合性

在探讨人的思想品德形成和形成规律的时候,与其关联的社会因素、人的自身因素、外界因素都可以作为需要参考的变量,这体现了高校思想政治教育的综合性。人的思想和做出的选择不能用单一的标准来判断,社会中存在着很多类型、很多层次的束缚和制约,每一种思想政治教育出现的问题也都有不同的影响源。所以多角度、多方面地对学生的行为进行立体、全面地分析,是高校思想政治教育综合性特征的体现,绝不能把一个复杂的人和复杂的情况简单考虑。

它的综合性还体现在要运用多学科的知识进行研究。思想政治教育工作除了在政治理论的指导下进行,也需要教育学、伦理学、心理学、社会科学等方面的知识。且仅马克思主义理论,就是对社会和人类极为复杂的综合性讨论总结,要运用其展开教育本身就有很大的复杂性。思想政治教育归根结底还是有关教育的、有关人类的,所以涉及的方面非常广泛。要做到协调不同方面的知识和力量顺利良好地开展教育,也体现了其综合性。

2. 民族性

民族性对于一个民族、一个国家是至关重要的,民族文化是大浪淘沙留下来的精华产物,凝聚了一个民族的精神思想精髓和智慧结晶,随着传播和继承早已融入人民的灵魂中。民族文化造就了不同民族的不同习俗和特点，民族性是民族文化的脊梁。中华民族文化历史底蕴深厚，当中阐述的一些思想和理念到今天仍然散发着生机和活力，仍然具有可借鉴性。在中华民族的历史长河中，儒家思想经过了大浪淘沙，承受了历史的筛选，在新时代社会的发展中仍然展现了其不断更新的内涵。儒家所支持的忠、孝、礼义、廉耻等人类社会道德标准，造就了中华民族的民族精神。经过这些民族精神的洗礼，高校学生的道德文化素养可以大大提高，从而拥有优良的道德品质，有助于学生成为新时代的优秀人才。

3. 时代性

高校思想政治教育必须牢牢跟上社会的发展节奏，要具有鲜明的时代性特点。随着社会的快速发展，高校学生的思想、价值观取向与以前相比发生了巨大的变化，受到了前所未有的影响。随着外来信息的不断涌入和人才需求的扩大，高校学生有了更大更好的舞台来发挥自己的才能。但同时，随着信息全球化、网络全球化的发展，世界上不同文化的价值观、生活理念涌入我国，形成了思想碰撞，让文化和意识领域更加丰富、多样，这对当代学生思想政治教育提出了新的挑战，也使教育者在给予学生正确信息这方面的权威受到了挑战。时代性特征就是要让思想政治教育理论联系实际，这就考验了思想政治教育者的理论驾驭能力，与结合实际有效地解决问题的能力。只有具备上面所说的品质和能力，对于实际遇到的问题才能有更透彻、更有深度的理解，思想政治教育才能达到新的高度。

（四）主要内容

1. 世界观、人生观、价值观教育

高校学生处于树立正确世界观的重要时期，务必用科学理论对其思想进行引导。我国的高校始终坚持红色旗帜的引领，因此，思想政治教育中世界观的教育内容就是马克思主义科学理论教育。其中，包括了辩证唯物主义、马克思主义认识论，以及历史唯物主义等方面的哲学原理和方法论指导，还包括马克思主义中国化的具体内容。习近平总书记多次强调，要坚持以马克思主义理论作为社会主义现代化建设的指导思想，坚持不懈地进行马克思主义理论教育。高校学生是国家未来稳定发展的重要力量，必须对其进行科学理论的教育，提高其政治素养，明确其政治站位，为国家

和社会未来的发展做准备。

世界观从根本上影响了人的思维方式，马克思主义科学思想体系告诉我们，世界观的塑造影响着人生观和价值观。人生观具体表现为荣辱观、善恶观、是非观、义利观等。每个人所处的成长环境不同，拥有不同的生活经历，在日常生活中实践经历的不同造就了不同的人生观。价值观是一个人的人生观与世界观的直接反映，新时代高校学生要树立马克思主义价值观，抵挡拜金主义、享乐主义等腐朽思想的侵蚀，积极奉献社会、回报社会。

关于"三观"的教育正是思政教育中的基础理论教育，要想培养拥护党的方针政策、政治觉悟高、思想先进的高校学生。就要对高校学生开展"三观"教育，坚持马克思主义理论教育，这是引导高校学生提升"三观"的根本路径，是塑造高校学生思想灵魂的基础。高校要通过"三观"教育来培养高校学生，使高校学生的政治觉悟和道德水准能担负起国家未来主人翁的责任与使命。

2. 理想信念教育

这是高校必不可少的教育内容。党的理想信念就是共产主义，正是因为有着坚定不移的信念，我们党才能够克服一个个问题，取得革命、建设和改革的胜利，我们国家才能够应对一次次的挑战，在排除困难、有效解决问题的过程中，实现国家稳定发展。对于高校学生而言，也必须拥有坚定而正确的理想信念，坚持共产党领导，继承先辈的革命斗争精神和传统，坚决维护祖国统一和团结，将祖国的利益和荣誉放在心中首位，才能在未来握好国家发展的接力棒，朝着正确的方向不断前进。

3. 爱国主义教育

爱国主义教育是国家稳定发展、历史向前推进的巨大精神力量，是一种集热爱祖国、报效祖国、忠诚于祖国的思想、意志、情感于一体的社会意识形态的体现。在新的历史时期和时代背景下，爱国主义教育依然很重要。高校爱国主义教育主要体现在对党史、党情、国史和国情等方面的基本知识的学习，也包括民族团结和国家统一等国家安全方面的教育。爱国主义教育不仅有利于学生自身的发展，培养其爱国主义情怀，更是关乎国家未来的发展，为未来能够稳定发展扎实根基。

要加强对高校学生的爱国主义教育，增强他们的民族自豪感、民族认同感、民族自尊心，以报效祖国为荣、伤害祖国利益为耻，忠诚报效祖国，为祖国社会主义事业的建设增砖添瓦。

4. 传统文化教育

一个国家的文化是这个国家的历史发展及具体国情的体现，中华文明绵延数千年，必定有其独一无二和珍贵的价值体系。传统文化是民族文化中最为特色的内核部分，具有魅力和凝聚力，是我们中华民族最为宝贵的精神财富，是文明之根、文化之魂。拥有这样宝贵的精神文化资源，就更要引导高校学生从中华传统文化中汲取精华，要让高校学生在了解中华文化的基础上实现更好的传承，滋养他们的心灵，使他们坚持善良的品质和信念，让他们的爱国主义热情和为国献身的动力不断高涨。对于传统文化的传承，我们要保持批判继承、推陈出新的态度，使中华优秀传统文化在新的时代呈现出新的生机、焕发新光芒。

5. 社会主义核心价值观教育

社会主义核心价值观是中国共产党深度的智慧结晶，是社会主义价值体系的核心内容，它不仅是一种社会价值理念，更是人们的行动指南。"勤学、修身、明辨、笃实"的社会主义核心价值观教育要求学生学好知识，提高自身道德修养，树立正确"三观"，明辨是非，并在实践中提升自己。高校学生必须从现在做起，根据以上要求严格要求自己，要真正理解并在生活中实际践行社会主义核心价值观，肩负起青年人的历史使命，不负青春年少，并在未来身体力行到对国家和社会建设中。

总而言之，要根据新课程方案不断改进和调整思想道德教育课程的内容，坚持以马克思列宁主义、毛泽东思想理论为基本，坚定党的教育方针，与时俱进、解放思想，以帮助高校学生树立正确的"三观"为基础，使学生了解党史国史、共产党的基本路线和基本理论，了解我国革命历程和改革开放以来的历史，并在生活中不断锻炼自己运用马克思主义的方式进行思考和判断，明确个人利益要服从国家利益的思想，对建设富强祖国充满信心和力量。

此外，思政教育教学内容在体现理论性、合理性及政治性的过程中，要进一步彰显其内容的特色与时代性。思政教育是跟随着实践的不断发展而逐渐更新其理论内容的，思政教育教学的内容应充分遵从社会发展与学生成长的基本规律，真正做到与时俱进、靠近现实。

四、高校思想政治教育的意义

高校思想政治教育不仅能保障中国特色社会主义思想政治教育教学实践活动的开展，同时，它对培养高校学生马克思主义价值观点、立场、方法、形成社会主义核心价值观，对践行中国理想信念、价值、精神的入脑入心的教学活动有着重要的意义。

（一）解决高校学生成长过程中各种思想困惑

思想政治教育教学不是简单地对学生进行正面灌输和传播思想理论知识的过程，重点是要在学生的成长、成才过程中给予一个正向的引导和对有效解决问题能力的培养，后一部分实际上就是对学生成长过程中遇到的难题困惑给予解答的一个过程。思政教育的特点决定了解惑这一方法功能的重要性。

高校学生正处于成长、成才的重要时期，其思想价值观念处于成形阶段，其学习、生活、社会实践都会给其带来各种各样的困惑。只有对学生产生的种种困惑给予积极引导和及时解答，才能真正提高教学的实效性和针对性。思政教育是逻辑的辩证思维，要求要及时、科学地解答学生产生的困惑，引导学生坦然面对，要对问题进行全面的把握。要正确面对问题和困惑，它的产生有助于推动学生积极思考，也有助于推动教学工作的改革发展。教学过程中教师除了要重视对理论知识进行正面传授的课堂教学，更要重视在时刻解答学生在领悟理论知识的过程中产生的困惑。这有助于学生在更深层面认识和把握理论知识，也有助于增强教学中的问题意识引导和提高教学的实效性、针对性。

（二）帮助高校学生树立正确的理想信念

通过思想政治理论课教学，可以使学生科学准确地理解和把握马克思主义的科学理论，同时也可以避免或减少个别学生用个别结论、现象代替或否定马克思主义的价值立场真理性等。通过思想政治教育教师用科学的方法向学生讲授思想政治理论这一科学的内容，可以引导学生掌握科学的世界观和方法论，提高用马克思主义观点分析和有效地解决实际问题的能力，并在此过程中不断加深对马克思主义理论的理解，从而牢固树立正确的理想信念。

（三）提高高校学生的思想政治觉悟

思政教育是思维从抽象上升到具体的通道，对思想政治理论课教学理论进行规范，可以使高校学生提高思想政治觉悟及坚定正确的政治方向。目前，随着教学手段的不断发展，实践活动内容多样，形式各异。思政教育作为教学的理性认识和基本理论单元，是教学的每一环节产生、变化、发展的基础，对教学中诸要素的位置、作用都有明确的规定，它对教学的指导作用是教学效果和目的达成的保障。思政教育对教师所采用的教学方式和方法也具备指导作用，也是教学方向的重要影响因素，要保证教学内容和对学生思想的引导方向是正确的，是与马克思主义所提倡的思想、政治、价值观念保持一致，保证对高校学生培养的是正确的价值理念和政治方向。

（四）促进高校学生的全面发展

高校学生的全面发展首要的是其思想的发展，只有思想观念正确，才能给予学生本人在其他方面以正确的引导。在新时代，面对日新月异的变化，思想政治教育教学是思维的工具和认知客观世界的中介手段，有利于促进高校学生的全面发展。

（五）有助于坚持社会主义办学方向

人才培养是高校的重要任务，也就是说高校工作的重点在于培养优秀的人才，而优秀人才的培养深受高校办学方向的影响，即办学方向及办学方式是优秀人才培养问题的实质。我国是社会主义国家，高校需要严格遵循社会主义的办学方向，而高校办学方向的确保、学生质量的提升、教学内容的丰富有着极其重要的意义。

（六）培养和弘扬社会主义核心价值观体系

思想政治教育在本质上是关于人的工作，因此，思想政治教育的主题不仅要满足人的精神需求，还要给予人们正确的思想引导。要做好主流价值观的指导，将社会主义核心价值观作为有效解决问题、消除矛盾的行动指南。

高校学生正处于价值观开始反思、裂变，最终成型的时期，迫切需要社会主义核心价值观来进行正确的引导。要准确把握主流意识形态，在高校学生面对价值选择的困惑时，用社会主义核心价值观对其进行教育和开导，使他们学会正确的选择和取舍。

思想政治教育教学过程也是培养和弘扬社会主义核心价值观的一个实践过程，这个实践过程毫无疑问需要理论的指导。这与教学发展状况和水平有着密不可分的关系，它是思想政治教育教学规律的展开和体现，可以通过在对这一规律学习掌握的基础上，更好地发挥师生的主观的能动性，增强学生树立社会主义核心价值观的决心和自觉性，使这一价值观在教学过程中可以得到更好的培养与弘扬。

而学生自觉树立这一价值观的成熟度，与对思想政治教育教学展开研究的广度和深度息息相关。思想政治教育教学的研究直接影响其理论体系的构建，而学生价值观的形成与其对知识理论的认知与程度有着重要影响，学生对马克思主义理论的认知和认可度越高，其对社会主义核心价值观的认知度也就越高，那价值观的培养和弘扬工作的完成度也就越高。

第二节　高校思想政治教育的发展现状

一、高校思想政治教育教学落后

（一）教育教学模式单一，缺乏创新

当前，网络已经成为意识形态斗争的一个重要战场。高校学生作为时代先锋产品的追随者，必然会受到网络信息的影响。在这样的现实背景下，已有不少高校顺应时代的要求，建立起网络思想政治教育平台。但仍然有部分高校疏于网络思想政治教育平台的建设和发展，甚至有部分高校并未意识到网络教育的重要意义，没能触及该领域，依旧保持传统的课堂

讲授教学模式，导致教育模式缺乏创新，无法吸引学生的注意力、激发出学生对思想政治相关内容的学习兴趣。对此高校应及时顺应时代要求，改革其教学模式。

此外，部分高校开展思想政治教育工作的形式单一，只一味重视思想政治教育理论工作而忽视具体的实践工作，使思想政治教育变得枯燥乏味，导致学生不感兴趣，教师教学效率不高，思想政治教育止步不前。

（二）受教育者主体作用较弱

我国思想政治教学的主体现今正处于一个变革的过程之中。尊师重道是我国教育的传统形式，从我国古代延续至今的传统观念决定了教师地位与学生地位的不平等。在新时代的教育和社会的新要求促使下，我国教育逐步由教师为主体向学生为主体转变。学生不仅仅应该是学习的受体，更应该作为发挥主观能动性的主体。但是教育者在授课时往往空洞乏味，单单进行理论知识的灌输，完全忽视了受教育者原有的知识基础、兴趣爱好、个人性格等。因此，很难引发学生的共鸣，更不要说吸引学生的注意力了。在大学课堂上大部分思政教育忽视了学生的人格特性，实行大班授课，不能引起受教育者的学习兴趣，削弱了其主体地位，让受教育者的思想政治修养难以提升。

（三）受教育者思想复杂化

高校思想政治教育要想顺利开展并达到期望成效，需要多方协同发力。其中最重要的就是教育者和受教育者双方的共同配合，因而高校学生自身的思想状态，也是高校思想政治教育能否达到期望成效的重要影响因素之一。当前部分高校学生的思想意识和政治态度有一定的问题所在。

1. 对思想政治科学理论缺乏真实的信仰

由于我国高校的教育体制及国家选拔类考试大多倾向于应试教育，因而呈现出重智轻德的现象。部分学生所表现出来的对思想政治课积极主动的学习态度，是为了应付考试或修学分，并非真正信仰马克思主义等思想政治相关科学理论。由于教学模式和教学方法单一枯燥，与实际联系不紧密，部分高校学生还对思想政治教育相关科学理论产生了"不实用"的心理暗示。

2. 缺乏对高尚理想信念的追求

随着改革开放的不断深入，社会的利益格局出现了深刻变革，人们对于自身利益的追求更为迫切。这是特定历史条件下社会发展的必然结果。值得注意的是，高校学生由于思辨能力和知识储备所限，加上受社会环境的驱使，因此，更多地将自己发展的目标局限于个人的利益与自身的发展，未能将自身的发展与国家和民族的发展结合起来，没有为社会主义事业的建设贡献力量的伟大追求。

3. 价值观的偏差

当前，部分高校学生受享乐主义、个人主义等负面思想，以及受功利主义、利己主义等思想的影响，与我国所推崇的优良传统精神形成对立，并展开了对高校学生思想激烈的争夺战。部分高校学生受多元化价值观和思想的影响，出现了奢侈浪费、攀比心理等价值观问题，导致"校园借贷"时有发生；也有部分学生作为学生干部出现了为学生服务意识较弱等问题。

（四）教育内容呈现缺乏时代性

对于高校而言，时代化是思想政治教育的内在要求。我们所处的环境在不断地变化和发展，社会环境也在不断地变化，但很多高校在思想政治课的内容和理论方面，并没有把新的、已变化的内容纳入教材。

尽管当前大多数的高校能够及时传达重大会议精神，并及时更新思想政治教材内容，但仍然有部分高校忽视这一工作，导致思想政治教育内容依然是陈旧的理论，没有体现出时代化的特点，学生缺乏对国家新政策及会议精神的正确认识；高校思想政治教育教师应具有较强的政治敏锐性和觉悟，巧妙地将时事政治的内容穿插到思想政治教育课堂中，引起学生学习兴趣与共鸣的同时，思想政治教育的成效也能达到事半功倍的效果。

二、高校思想政治教育观念有待创新

观念作为行动的先导，在不同的时代背景下所体现出来的内容不尽相同。新时代背景下，高校教育工作者在教育过程中所表现出来的传统的教育观念，对于当代热衷于追求新颖事物的年轻一代格格不入。

①大部分教师对于教学过程中的模式和方法，依旧是保留着传统教育的老套观念，对于运用新媒体、网络教育等学生所热衷的时代化产物接受度相对较差，运用到教学过程中的成效微乎其微，无法物尽其用、充分发挥出教育的影响力。习近平总书记关于意识形态工作的重要论述所体现的科学观点和方法，是时代化背景下全党集体智慧的结晶，是在面对我国意识形态领域出现的新情况而做出的实事求是的正确思量和果断决策。正是因为其内容充分体现了时代化元素，才能更具针对性地处理和应对我国意识形态的各种问题和挑战。同时，其关于人民性的论述也启示了高校应注重创新以人为本的教育理念。当前高校思想政治理论课大多以"百人大课"的形式开展，教师无法关注到学生的个体思想需求，降低了高校思政教育的实效。因此，高校思政教育者应多从时代化教育，以及新受众的思想行为特点入手，因材施教、实事求是地进行教学模式的创新思考。

②部分教师依然保持传统师生关系的旧观念，未能随时代的发展建立起新型的平等的师生关系，在教学过程中以严肃的形象和话语威慑学生保持良好的课堂学习状态，导致学生有疑惑而不敢言，无法形成教育的良性互动。高校思想政治理论课内容本身就枯燥，加之师生间互动交流太少，导致思想政治教育的亲和力和说服力得不到彰显，加深了学生对思想政治教育枯燥刻板的印象。这也是影响思想政治教育成效的另一重要因素。

③在"课程思政"教育模式的落实过程中，大部分高校存在形式主义的问题。教师在教育过程中未能将思政知识内容有机地融入专业课程中，导致思想政治教育与其他专业课仍然是两个独立部分的窘况。

三、高校思想政治教育环境有待改善

（一）社会环境

从社会方面来看，一方面，改革开放的深入及全球化趋势的不可逆转，部分民众受到了不良思潮的影响。同时，改革开放的不断深入也造成了我国利益格局的变化。高校学生的知识储备和思辨能力有限，对于不同的政治、文化和社会环境表现出较为强烈的兴趣。另外，社会利益格局的变化也使得高校学生的逐利性更强烈，在"三观"还未健全的阶段受到影响，使其对思想政治教育的内容产生疑惑，呈现出理想信念模糊的状态，严重妨碍了高校思想政治教育的顺利推进。另一方面，不良社会风气、道德失衡的现象和因素对思想政治教育提出了巨大挑战。随着社会的不断进步和发展，人们的思想也随之出现了潜移默化的改变。高校学生思想意识尚未健全，不良思想和行为严重干扰了学生的认知，给高校思想政治教育工作的开展严重设障。

（二）校园环境

从校园方面来看，在高校学生的学风及学生工作的作风上存在影响思想政治教育的消极因素。当代大学生受家庭因素、经济条件及网络环境等多方面要素影响，精神世界相对匮乏，不具备良好的独立人格素养，容易被不良社会信息所左右。近年来，高校学生在学习中也表现了强烈的功利心，如个别高校学生为了获得评奖评优等荣誉称号，学术造假，给高校的学风造成了极大的负面影响。此外个别学生干部工作作风也受功利主义、个人主义的影响，出现趾高气扬的办事态度，缺乏服务意识，丢失了作为党员和学生代表的理想信念，影响了学生干部队伍整体的建设，间接影响了高校思政教育工作的开展。

（三）家庭环境

从家庭方面来看，一方面，部分学生家庭成员的错误的政治站位和思想意识会直接影响学生的思想，对高校思政教育工作的顺利推进提出了考验。另一方面，家庭成员的一些非科学的行为也会对部分高校学生的思想产生影响，让学生产生思政学习内容和生活现实极其矛盾的心理，给高校思想政治教育工作带来了困难。

四、高校思想政治教育机制有待完善

健全且良好的机制是高校思想政治教育工作达到最佳成效的有效保障，可见健全的机制对于高校思政工作的重要意义。

(一)思政课程机制不完善

大部分高校学生是通过高校思想政治教育课堂接受思政知识,由此可见,高校思政理论课发挥了极大的教育作用。但根据调查结果显示,部分高校对于教材的更新和最新政策、最新会议精神的传达不是很及时,这就造成了思想政治教育内容及会议精神内容传达的延时。作为思想政治教育的"主渠道",高校思政理论课务必及时将马克思主义中国化的最新理论成果加入教材、贯穿课堂,并扎根于学生心中。同时,前文所提到的,"课程思政"存在形式主义,同样是由于思想政治教育课程机制不完善,对课程思政的开展没有明确的制度规定。

(二)思政队伍考核机制不健全

高校思政教师是对高校学生进行思想政治教育的主力军,因此务必要完善对思政教师工作内容和教育成效的考核机制,才能敦促其更好地开展教学和提升自身水平。目前,高校对于思想政治教师的考核重点依然是科研项目,以及论文发表数量等学术方面的内容,而真正作为思政教师核心工作内容的育人成效考核,以及自身思想素质、知识理论水平的考核却没有明确的制度规定。另外,高校协同育人机制不完善。当前高校思政教育队伍的主要力量来自思政教师及辅导员老师队伍,并未做到全员育人,导致协同育人机制流于形式而未能确切落实,高校教育教学与思政教育的衔接度和配合度不高,无法凸显出高校思想政治教育在高校育人工作的重要地位。

(三)思政教育网络化机制不健全

作为时代化背景下的新产物,网络以其便捷、迅速和高效的特点,成为思想政治教育的重要载体,这不仅能够延长教学过程,同时增强了教学影响。但在对其的运用和监管过程中缺乏相关机制。一方面,从调查结果来看,一半的高校学生对于学校是否开设网络思想政治教育平台并不明确,可见高校思政教育对于网络的运用机制及管理机制,并没有深入到学生心中,网络思政教育平台形同虚设,对其的运用和管理流于形式而非充分发挥其促进教育成效的作用,学生的认可度和接受度相对较弱;另一方面，习近平总书记关于意识形态工作的重要论述中强调了网络对意识形态工作和建设的重要性，对于高校思想政治教育而言更应该关注到网络的正负影响，在利用好网络的同时，也要注重完善高校网络防御机制和舆情预警机制。目前高校对于校园网络的监管也没有形成成套、合理且科学的监管机制，对校园网络疏于管理。在 2020 年疫情防控期间，各类高校大规模地运用起网络教学平台进行线上教育，但不免看出各级各类高校在面对疫情出现时将网络运用于教学的仓促和生疏，可见高校在日常当中并未建立健全网络化教学体制机制。

第三节 高校思想政治教育的教学探索

一、高校思想政治教育的教学原则

（一）以人为本

首先，思想政治教育工作具有人民性，思想政治教育教学的方向是"政"。政，国之大事也，要让我们的学生心有大我，至诚报国，这就是习近平总书记给黄大年同志批示的三学之中的第一学。政者，众人之事也，要让我们的学生学会为人民服务，为老百姓服务。因此，不管是讲什么内容都不能偏离党和国家的发展方向。习近平总书记多次提到，坚持正确的办学方向，要具体化到每一门、每一个学科。每一个思想政治教育教学老师都要把握好手里的方向盘，这既是责任也是使命。

其次，要想提高思想政治教育的教学质量和水平，就要努力探索新的历史条件下思想政治课的内涵和精神要义。要深刻地认识到，高校思想政治教育教学的对象是人，人是历史的、社会的、具体的、鲜活的。我们的目标是把我们的学生，培养成为社会主义建设事业添砖加瓦的新时代青年。但由于我们对我们的思想政治教育教学对象在认识上是不全面的、不科学的，因此，要有效解决的问题就是要科学地认识我们的思想政治教育教学对象，认识他们现阶段的、历史性的特点。要知道什么样的性质、特点，是他们关心的热点、难点问题，充分了解他们的困惑、困难及他们的现实需求。

（二）全面发展

从教学的整体性、综合性出发，用运动发展和辩证联系的眼光去进行思想政治教育教学及其体系的研究，尽可能从多方面、多角度、多侧面、多方位角度对这一问题展开研究分析。要用马克思主义对立统一的辩证思维方法去研究范畴与范畴之间、每一组具体范畴内部的辩证关系，不能把它们割裂开来进行研究。因为这是具有逻辑性的一个系统，其包含的每一组具体范畴都不是独立存在的，都是彼此相连、互补的，并在教学实践的具体过程中，它们之间不断发生变化发展。这也说明了教学实践环节是一个联系、发展的过程，我们建构范畴体系要重点关注教学实践中种种现象之间的关系，只有这样才能从理论层面对教学发展的不同侧面展开全面的阐述，进而更好地指导教学。

（三）时效性与可读性相结合

新时代背景下，高校思政教育需要充分了解高校学生感兴趣的话题、高度重视的焦点问题与疑惑问题，并将其视作教育内容素材，深入挖掘其中涉及的思政教育内在涵义，以更好地帮助高校学生认识与处理思想认知问题。高校学生对思政教育内容的兴趣不高，以致很少会阅读思政教育内容，这无疑导致思政教育与实际意义脱离。因此，我们需要想方设法地促进高校学生思政教育内容可读性的提升。

（四）问题导向性

要重视对思想理论领域问题的引导，努力排解矛盾的负效果，倡导积极健康的社会心理，坚持思想政治教育教学导向指引性的实践指向。思想政治教育教学的实效问题、质量问题的出现是教学面临的重中之重，我们需要根据现实情况，在以问题为导向的原则指导下展开本论题的研究。思想政治教育教学是指导教学有效地解决实效性，达到质量标准的重要基础理论性的基本原则。

1. 坚持问题意识

在实际的教学工作中要自主自觉地寻找有价值的论题论点，并运用科学的方法展开研究，尤其是对当前学科领域的前沿问题进行探索。前人认为已有答案的地方，可能恰恰是问题所在。

在思想政治教育教学研究中培养问题意识与提升教学实效性，一是教师要在日常教学工作中善于发现和善于总结，逐步概括出的具体内容；二是教师在教学实践中要实现科研与教学的有机结合；三是高校要以教学的社会实践为载体，通过实践活动挖掘教学的具体内涵。

从理论层面来讲，一是要把握马克思主义关于范畴的经典理论与教学的结合点；二是明确当前马克思主义中国化的最新理论成果是培养问题意识的方向和宗旨；三是对当前的基础理论的不断反思和完善，以形成思想政治教育教学问题意识的源泉。

2. 坚持开放意识

在对学科领域内的前沿问题展开的研究中，要以开放的眼光看待问题，吸收其他学科知识的有益成果，完善自身，以平等的态度对待不同的文化，取其精华，去其糟粕，以助力马克思主义理论及思想政治教育教学的建设和发展。一是增强从交叉学科的视角进行思想政治教育教学研究的自觉性；二是让思想政治教育教学面向世界，放眼全球，这是促进学科综合化的现实需求，即在对教学的研究过程中要坚持全面性和联系性，以发展的眼光对待问题的研究，以动态的方式对范畴进行构建，与实践相联系，用实践检验范畴的真理性。教学实践过程是一个运动变化发展的过程，在研究教学时，要重视对教学过程中研究对象与社会环境的相互联系、相互作用的关系的分析，其关系会在一定时期内保持稳定，但不会固定不变，由其形成的真理也是具有相对性，而对其的认识则是无限性的，即具有开放性。

3. 坚持改革创新意识

对教学理论的研究要持一种创新思想，要敢于打破常规，不破不立，只有打破旧规矩，才能产生新东西。思想政治教育教学是与实践密切相关的，作为其研究对象的高校学生各具特色，要根据研究对象的需求，有目的、有意识地进行改革和创造性活动。教学体系的建构本身就是高校教学基本理论的一个改革和创新，改革创新意识是由教学相对的利益性特征所决定的，遵循改革创新意识，必须及时地更新新时代高校思想政治教育教学的基本内容，使之更加充满生机与活力。

(五）知行统一

思想政治教育教学绝对不是学习文件、学习材料，或是从各个有关学科拼凑起来的一个知识集合，它应当有一个自己的学科体系。知行统一就是理论与实际相结合，思想政治教育的教学重点就是使学生的思想和行为在实践中达到一致。理论对实践有指导作用，实践是检验理论正确与否的唯一标准，马克思主义的认识论中明确要求我们要用理论联系实际的方法去认识客观事物，这既是对客观事物进行正确认识的原则，也是构建任何教学结构都需要遵循的原则。

知识必须通过行动来获得，思想政治教育教学作为指导教学实践行动最基本的理论指南，它首先必须是正确的、科学的知识，进而又能指导教学行动的正确方向。思想政治教育教学与学生的思想行为密切相关，是培养学生思想道德素质，使学生更好地认识社会主义主流价值观，形成社会所认同的思想政治观念，并用以指导实践的过程，即教学就是转变或提升学生思想的过程，这一过程只有通过学生认知上的转变和提升才能实现，只有让学生在对正确的思想观念进行了解、学习的基础上，还坚信这一观念的真理性，并用以实践，形成知行统一，才能说达到了教学目的，如果知而不行，那"知"就失去了意义，而对于思想政治教育教学来说，这样的教学就是失败的教学。知是前提，而行是目的，知行统一才能达到用正确的理论指导实践的目的。因此，遵循知行统一原则有助于思想政治教育教学实效性的提高与目标的达成。在研究思想政治教育教学时，遵循这一原则可以在研究过程中避免教学中教条化、公式化的倾向，坚持这一原则是正确建构的合理保障，进而使其教学范畴有助于有效地解决知与不知、行与不行的矛盾，这才是科学的范畴。在思想政治教育教学中，要使学生对基本理论形成、发展的过程有基本的了解。因此，要通过对理论产生的背景进行阐述，从而引领学生感受理论形成、发展的过程。有了这样一个感同身受的接收过程，才能在获得知识之后有一个与知相一致的行，思想政治教育教学的构建也必须遵循这一知行统一的原则。

（六）科学性与思想性相结合

1. 科学性原则

思想政治教育教学的科学性是指其具有真理性、规律性。思想政治教育在对学生传授理论知识的同时,还具有一个特殊功能,即对学生的思想进行改造升华,使其具有符合社会要求的思想道德素质,成为新时代全面发展的新青年,成为能够在社会中立足的基础上,还能为中国特色社会主义建设事业添砖加瓦的志气青年。也就是说,其在掌握科学的专业知识技能的基础上,还要树立坚定的马克思主义信仰,并能在实践中熟练地运用这一科学的理论有效地解决问题。这一教学科学性主要是针对其思想政治教育教学的内容、方式方法,以及教师队伍等。思想政治教育教学是对科学的内容与科学的方法紧密的结合。在实际教学中,教师要使学生对教学内容达到高质量的理解和掌握,还要让理论内容在学生的头脑中发生思想的碰撞,达到科学性与思想性的统一,才能更好地提升教学效果。

2. 思想性原则

在思想的概念中,思是重点,它的表现形式是具体的内容,一是规律,二是伦理,三是法律。它是用于塑造精神、塑造人格、塑造合格的人的。思想政治教育教学不是单纯地只讲知识,首先要明确教师一定要把我党的理论创新的成果介绍给学生,灌输给学生。要把学生培养成为会思想的人,会思想的人是有灵魂的。科学性与思想性的统一,可以使思想政治教育教学在保证教学方向的正确性的基础上,使学生能对科学知识进行高质量的领悟,达到教学对象与教学内容、目的的高度融合。科学性与思想性两者是相辅相成的,科学的方法和内容是思想正确传递的前提,而思想的形成是用科学方法传授科学内容这一教学过程的目的,缺少任何一方面,都会使教学效果大打折扣。

二、促进高校思想政治教育教学民主化

(一)建立平等师生关系,尊重学生个体差异

要想促进高校思想政治教育教学民主化,最基本的就是要改变传统教育体系对教师权威的盲目崇尚,构建平等的新型师生关系。教师应该及时更新教育观念,变单一形式的讲授为师生之间的相互沟通交流,除了要做学生学习的引路人,更要成为学生的交流伙伴,及时了解学生情感、态度的变化,尊重学生的个体差异,给予学生平等的关怀和帮助。在师生平等

交往、充分交流的基础上，将思想政治教育与学生个人的发展联系起来，提高思想政治教育的实际效果。

作为教授政治理论课程的教师，承担的教育职责已经较以往发生了巨大的转变。因此，不能局限于一般层次的传道、授业和解惑，应该加强对中国共产党指导思想的宣传教育，扛起马克思主义的大旗，并在这一伟大旗帜的指导之下，将平等的观念落实到教育行动当中。教师不能将自己当作权威，更不能始终持有一种把握绝对真理的态度，而是应该与学生建立平等和谐的师生关系，切实实现以理服人，用教师的知识经验，以及丰富阅历感染和带动学生，与学生进行深层次的沟通，从而收获更多的共同语言。

（二）倡导民主教学方式，引导学生积极参与

教师的教学方式从广义上可以分为专制型、放任型和民主型。这三种不同类型的教学方式，对学生的成长会起到不同的效果。相关教育调查显示，民主型教育方式能够有效激发学生的学习热情，活跃课堂气氛，提高学习效率；专制型教学方式会让学生产生较大的心理压力，学生在教师严厉苛刻的教育中难以集中精力，导致学习效果不佳，甚至身心发展会产生较大问题；放任型教学方式对学生没有要求、完全放手，会使学生感到无所适从。通过对三者的比较可以看出，民主型教学方式能够使教育获得最大成效。这启示了我们，教师应该努力营造一种民主的课堂氛围，要运用民主的教育理论构建民主的思想政治课堂生态。同时，要注意引导学生积极参与，增加学生的课堂参与度，使学生由知识的被动接受者转变为主动获取者。这就要求教师设计多种新颖的教学活动，同时，结合时代热点，积极参与贴近生活的教学情境中，动手实践，从而提升思想政治教学实效。

（三）联系现实生活实际，勇于创新教学思路

新一轮课程改革已经全面铺开，但在很多思想政治课堂上仍然可以看到惯性的传统教学理念、教学方式。传统思想政治教学方式是教师依靠内容固定统一的书本理论，在课堂上进行大量的传授、演示。这在一些中老年教师的课堂教学中尤为明显，阻碍着课改的深入推进。从民主教育理论

的视角来看，教学活动在遵循教学规律的同时，对于教学的艺术也应该加以重视。这就要求思想政治教学必须以现实生活为基础，使学生能够将理论知识与实际生活联系起来，通过已有的生活经验来把握教学内容，从而更加深刻地体会思想政治学科的丰富内涵，感受课程的生机和活力。在教学实践中，教师要密切联系现实生活，勇于创新教学思路，在对固定的知识进行讲授的时候，采取的形式应该更加直观，以此来激发学生主动思考、积极参与课堂互动，深化对思想政治学科知识的理解与掌握。

三、促进高校思想政治教育教学科学化

（一）构建科学的制度体系

要保证制度内容的合理性。科学的制度内容能够带来主体的价值认同。高校思想政治教育制度的合理性在于其内在实质与外在逻辑的一致性，表现在制度形式内容与学科内在规律的一致性。二者的一致性越高，制度的合理性越强。在制度制订的过程中，制度规则必须遵守制度理念，并具有相对稳定性，在一定时间段内制度主体都能够适用，不可随意改变。

（二）确立科学的教育目标体系

高校思想政治教育分目标的制订必须符合总目标的要求，并体现对总目标内容的安排和规划。通过完善管理体系为目标的实施创造条件，完善多维度的目标管理体系。

首先，要加强科学的领导。领导本身是一种指向性的工作，领导者决策的科学与否，决定了一个集体是正向发展还是误入歧途。因此，领导组织必须层次分明，科学授权，合理分工。高校思想政治教育分目标的制订和目标体系的实施过程需要校党委、教务处、学工处乃至各学院共同参与，将职、权、责加以合理分配。

其次，要培养高校学生目标管理的自治意识。受教育者存在内在的教育需求。因此，受教育者对于外部教育并不是完全被动接受，而是带有一定的选择性。坚持"以生为本"，启发受教育者将外在教育目标与内在学

习目标统一起来，实现目标的自我制订、自我实施和自我管理。

（三）注重实证研究和学术交流

高校思想政治教育带有很强的应用性。为进一步发挥学科的实际应用作用，学术研究更要加强实证。辩证唯物主义哲学主张在有效进行实证研究的基础上，丰富了逻辑思辨，增强了学科理论体系的科学性，从而能更好地指导我国社会主义建设实践活动。

要搭建气氛活跃、思想自由的学术交流平台，积极开展学术交流活动。高校思想政治教育学术交流平台的建设应当坚持从实际出发，确保各方主体能针对当前学科面临的切实问题展开交流合作。在开展学术交流活动之前，各方主体应对学生的思想状况及其成因进行较为透彻的了解，并以学生当下的心理特征为前提开展活动，以保证学术交流平台的灵活性。

四、建设和发展校园文化

（一）高校校园文化的作用

1. 塑造学校的良好形象

对于一所学校形象的展现，学校外的公众不仅会通过对学校的表面观察，还会去感知这所学校的内在精神和文化感知，以此来确立这所学校在公众心里的形象。因此，校园文化作为学校的内在精神和文化集合，其中的一些优秀人物形象及一些标志性建筑，都对公众乃至全体社会发挥着很强的示范作用。例如，校内教师和一些名人，以及散落在校园内的各种书画、水墨画，特别是历史名人雕塑、碑亭等文化景观。和谐的大学校园文化可以帮助学校塑造良好的形象，提高学校的声誉和知名度，从内到外提升学校的形象。

2. 对学生的教育和导向

我国对高校校园文化的基本要求是必须要体现健康向上、生动活泼的内容。这是因为健康向上、生动活泼的校园文化能够使全体师生员工的思想觉悟和认知能力有所提高，进而塑造和培养其美好的心灵。现如今，由于每个人身处的工作环境、家庭环境和社会环境不同，这就会使他们的人生观、价值观及世界观形成不同程度的差异。再加上如今的全球化趋势、市场经济的冲击，以及信息时代的到来在给全体社会成员带来了形形色色的信息的同时，也使其受到了一些低俗文化思想的负面作用，随之也出现了一些不良现象。因此，这些都需要发挥校园文化价值取向的导向作用对其进行引领，启迪他们的思想行为，从而使其树立正确的人生观、价值观、世界观，体现了校园文化价值取向的导向功能。

3. 不断提升高校的文化品位

对于学校来说，其校园文化品位主要会在学校的办学理念、学习氛围、学术水平、管理氛围、校风等方面体现出来。学生在校园里最直接体验的就是学校的文化品位，学校所展现出来的文化品位越高，就说明学校的水平越高。并且，文化品位会构成一种无形且强大的力量，在学校的方方面面渗透开来，在潜移默化中影响着全体成员的文化品位，对其产生一种其他专业课程无法比拟的深刻的影响。因此，建设完善的校园文化，可以使学校的文化品位得到不断的提高。

（二）建立健全校园文化设施

校园文化设施先进齐全，校园文化环境优美恬雅，能为校园文化活动井然有序开展提供便利的物质条件，校园文化设施建设情况也标志着整个学校文化建设与发展的水平。因此，校园文化设施的建立健全和校园文化环境的构筑，是建设校园文化过程中不能遗漏的重要组成部分。高校要科学规划、加大有关方面的资金投入力度，使各类文化设施不断完善，如图书馆、校史馆、电教馆、实验室、音乐厅、学术报告厅、体育馆、计算机中心、博物馆等，利用这些场所来开展具有不同意义又多姿多彩的校园文化活动，是对大学生的精神文化生活需要的满足，从而丰富他们的精神世界。

同时，还应对校园进行合理布局，在绿化美化校园中形成自己独特的文化向心力，使大学生在一个共有的文化精神基础上学习生活。可以从对学生情操的陶冶和综合素质的提高视角出发，并结合高校自身发展的历史变迁情况，搞好校园景观建筑、建设好园林绿化、装饰好教学楼等地，让整个校园散发出迷人芳香、充满青春活力、愉悦身心成长，成为一个既美观舒适又和谐宁静的校园生活圣地，并用这种方式感染和影响着每名学生，从而达到无声胜有声的育人目的。

（三）加强校园网络建设与管理

1. 引导学生正确利用网络文化

高校学生的可塑性是非常强的，当某一新事物出现时，他们或接受、或排斥，但都能以最快的速度做出选择，而且以超强的驾驭能力去适应它。网络资源的丰富和获取信息的便捷，推动了社会的进步和高校校园文化的建设，但是它所带来的腐朽文化也侵蚀高校学生的身心。因此，高校可专门设置网络课程，教育引导学生正确利用网络文化培养高校学生的自立和创新精神，帮助他们正确了解、客观分析他们所处时代的环境和背景。高校学生也可以通过网络上及时而丰富的信息资源，开阔视野，提高参与社会事务的管理能力。

2. 建立本校独特的网络体系

网络平台上的信息质量良莠不齐，为了保证在校师生所接触的网络内容积极、健康，高校可以建立校园网，利用校园网的吸引力、感召力和渗透力来丰富广大师生的校园网络文化生活。可以根据当下某一新闻热点，在网络上开展在线访谈活动，让师生各抒己见；组织网络红色文化艺术节，让更多的人了解中华民族的传统文化，使高校学生更加热爱自己的祖国和学校。

同时，也可以在网络上建立一些心理辅导、创业就业等栏目，对高校学生的生活和思想加强关注。大学校园网的建立致力于成为广大师生学习知识、获取信息、表达思想的重要渠道，让网络给高校学生带来优秀的文化和更多的正能量，使之成为高校学生自立自强的好帮手、思想情感的好朋友。

3. 加强校园网络资源的管控力度

高校应设立专门的岗位对网上的各种信息进行筛选、整理，重视网络体系的日常维护。要保证校园网络资源的"纯洁"，从而推动网络管理体系的健全发展。同时，努力建设一支整体素养较高的网络管理队伍和评论员制度。

4. 培养校园网络文化建设的管理人员

在网络迅速发展的社会背景下，培养一支具备较高政治理论素养且精通高校思想政治理论课传授工作、网络技术的校园网络文化管理人员，是利用网络文化开展传授工作的保证。传授主体需要积极参与理论学习、实践锻炼，从而使自身具备较强的信息分辨能力、高超的信息处理能力、高尚的信息伦理道德，增强自身的信息素质，使自身符合校园网络文化建设管理人员的要求。

五、拓展社会实践，开展和谐的社会互动活动

无论是价值观念、品格还是关键能力，都将在社会实践中得到检验并不断发展完善。比如，厚植爱国情怀是思想政治课的重要功能，师生既可以在教室中开展教学活动，深化学生对祖国的情感；也可以带领学生祭拜革命烈士、参观战争博物馆等，深入了解国家曾遭受的苦难、更真切地感受革命先烈的大无畏精神，帮助树立为国奉献的志向。因此，根据教学内容需要，适当地开展社会实践活动，充分利用当地的教学资源，加强学生与社会的互动，有利于拓宽学生视野，深化学生的乡土情怀，培育学生的爱国情感。

在社会实践中，社会风气的好坏在很大程度上对思政社会实践效果产生着影响。社会风气和社会环境的好坏影响着大学生对高校思政课程的认同，因此，整个国家、社会和各个部门要协同努力，共同为大学生养成过硬的思想政治素质和树立正确的价值观念提供一个良好的社会认同氛围。净化社会不良环境具体可以从以下三个方面来着手。

首先，针对目前社会上出现的贪污腐败、非法经营和网络乱象等社会问题，党和政府要进一步加强廉政作风建设，严打行贿受贿、贪污腐败、完善法律法规和多途径监督机制，打击违反诚信经营、偷税漏税等犯罪行为，加强对网络的监督和管理，以赢得大学生对党和政府的信任，进而增加他们对此课程教材内容的认同。其次，针对严峻的就业形势，党和政府要在设法增加就业的同时，进一步贯彻落实"大众创业，万众创新"政策，鼓励有意愿的大学生进行创业，并给予他们最大限度的政策和资金支持，以缓解就业压力。最后，针对不良思想的侵蚀，党和政府要进一步加

强国家意识形态安全防范意识。用人单位要注重对应聘大学生思想政治素质的考核,将他们在大学期间的思想政治素质表现情况及鉴定评语作为决定是否录用的重要标准,促使大学生重视此课程,增加他们学习此课程的外在动力。同时,党和政府要加强对报刊、影视和互联网等大众传媒的管理,并充分利用大众传媒传播速度快、覆盖面积广的特点,加大对社会主义核心价值观和能体现社会正能量的人和事的宣传力度,以正面人物和先进事迹传递正能量的效果,进而形成良好的社会风气和社会德育环境。

第二章 思想政治课程概述

本章从思想政治课程的历史沿革入手,对思想政治课程的功能任务进行了阐述,进而对高校思想政治课程体系的创新优化做了论述,并对当前高校学生对思想政治课程的认同与获得做了探究分析。

第一节 思想政治课程的历史沿革

一、中华人民共和国成立时期的初步探索(1949—1956年)

早在抗日战争时期,我党就在陕甘宁边区和华北等革命根据地,创办了中央党校、鲁迅艺术学院、延安大学、列宁小学、华北联合大学等各级各类学校,并高度重视学校思想政治教育工作,极大地改变了当地军民的精神风貌,为抗日救亡和实现国家独立、民族解放,培养了大批优秀的党员和干部,铸就了永放光芒的延安精神,也为日后的高校思想政治教育工作积累了丰富的经验,奠定了实践基础。

中华人民共和国成立后,我国高校建设主要借鉴苏联模式,思想政治理论课的开设也带有明显的苏联痕迹。中华人民共和国成立初期,马克思主义理论教育被摆在了十分重要的教育地位,尤其是对高校学生的思想政治理论教育。1949年中国人民政治协商会议第一届全体会议上颁布的《中国人民政治协商会议共同纲领》,提倡理论与实际一致的教育方法。次年召开的政治理论课教学工作会议又明确要求思政教育应保持理论与实际一致。

1951年教育部在北京召开了全国高等学校政治理论课教学讨论会，就课程名称、课程设置、教学内容、教学方法、组织形式、重点难点等开展了研讨，提出要把课程建设作为高校落实"思想政治工作生命线"方针的切入点。1952年夏天开始了全国迄今为止规模最大的院系调整体制改革。通过对私立高等院校的撤销合并和对公立院校的系科重组，建立了单科院校为主的公立高等教育体系，为政府对高等院校的统一领导奠定了制度基础，为以后国家工业化建设和经济建设培养大批专门人才奠定了组织基础。

1952年10月，教育部发出了《关于全国高等学校马克思列宁主义、毛泽东思想课程的指示》，对高校思想政治理论课讲授马克思列宁主义、毛泽东思想课程的内容、学时等作出了具体规定。

1953年6月，在教育部下发的《关于改"新民主主义论"为"中国革命史"及"中国革命史"的教学目的和重点的通知》中，把"新民主主义论"改为"中国革命史"，同时新增了"马列主义基础"这一门课。1954年4月教育部颁布的《师范学校暂行教学计划》（简称"54方案"）中，把政治理论课作为共同必修课。

1956年高等教育部下发的《关于高等学校政治理论课考试评分问题的意见》指出，学习马克思主义理论并非形式主义的进行死记硬背的理论学习。这种改革思路对于学生自身成长具有十分重要的现实意义。在这种思路下，教育过程中全面落实马克思主义和毛泽东思想教学被严格执行，学生也善于利用马克思主义基本原理分析中国历史和实际问题，诞生了一系列以马克思主义为指导的研究成果，以哲学社会科学成果最为显著。

二、全面建设社会主义时期的积极探索（1956—1966年）

毛泽东思想教育在这一时期是思想教育的重点内容。1956年9月至1960年，高校思想政治理论课又做了几次微调。

这一时期，在教学的过程中组织了多种形式的社会实践活动，开始注重启发式教学。1964年下发的《关于改进高等学校、中等学校政治理论课的意见》中，详细规定了启发式教学的教学方法目的在于提升政治理论课的活力，在充分地理解钻研问题之后引导学生进行激烈的讨论让其各抒己见；让师生学会独立思考和有效地解决问题。在一系列过程结束后，教师再对学生的学习情况和争论点进行有针对性的总结和疑难解答，提升了学生的问题认知水平。启发式教学推行后取得了良好效果，产生了一大批新的成果。

总体上来看，这一时期的高校思想政治教育紧紧围绕着党和国家的中心工作，在实践中不断探索、调整，在课程设置、教学内容、教学方式、教材选编、师资队伍配备等方面都不断走向稳定，为以后的高校思想政治教育工作奠定了基础。

三、改革开放时期的恢复和稳定发展（1976—1992年）

进入改革开放时期，高校思政理论课的课程设置在之前的基础上又有所发展。1978年4月召开了全国教育工作会议，与此同时，在教育部办公厅发布的《〈关于加强高等学校马列主义理论教育的意见〉征求意见稿》（简称"78"方案）中，对高校思想政治理论课的设置和学时做出了新的规定。"78方案"明确了高校要开设"辩证唯物主义与历史唯物主义""政治经济学""中国共产党党史"。在所有文科类院校、专业还要开设"国际共产主义运动史"，理工农医专业还要开设"自然辩证法"课程。

整个20世纪80年代是国家思想由禁锢转向开放的时代，新生事物不断涌现，人们的视野不断开阔，思政教育也有了新的发展。

1982年起，高校思想政治课除了"马克思主义理论课"还有"共产主义思想品德课"。1984年4月13日教育部印发了《教育部关于在十二所院校设置思想政治教育专业的意见》，决定在南开大学、复旦大学等12所院校首批设立思想政治教育专业，进行试点。思想政治教育专业的设立是一项开创性的工作，标志着"思想政治教育"正式发展成为一门独立的学科。

1985年8月1日，中共中央发出《中共中央关于改革学校思想品德和政治理论课程教学的通知》，要求改革高校的马克思主义理论课程设置，逐步开设"中国革命史""中国社会主义建设""马克思主义原理""世界政治经济与国际关系"等课程，以适应时代发展需要。国家教育委员会于1986年将"形势与政策"课程与"法律基础"课程纳入了高校思想政治教育教学计划。

1987年11月20日，国家教育委员会印发了《关于高等学校思想教育课程建设的意见》，规定将高等学校"两课"中的思想品德教育课程设置为"高校学生思想修养""人生哲学""职业道德"等五门课程，其中"形势与政策""法律基础"为必修课，其他三门为选修课。

四、高校思想政治理论课的全面发展时期（1992—2004年）

高校思想政治理论课程随时代一起进入了一个新的发展阶段，教学的内容是中国特色社会主义理论体系，主要包括邓小平理论和"三个代表"重要思想。在1995年颁布的《关于高校马克思主义理论课和思想品德课教学改革的若干意见》中指出将"马克思主义理论"课和"思想品德"课这两门课程简称为"两课"。由此形成了"马克思主义理论课"与"思想品德课"规范运行的良好局面。

1998年4月23日，党中央批准了"两课"课程设置新方案。1998年6月10日，在印发的《〈关于普通高等学校"两课"课程设置的规定及其实施工作的意见〉的通知》（简称"98"方案）中规定，各层次的高校都要开设"形势与政策"课，同时提出将"马克思主义哲学原理""马克思主义政治经济学原理""毛泽东思想概论""邓小平理论概论""当代世界经济与政治""思想道德修养"和"法律基础"等课程作为四年制本科思想政治理论课的课程设置。

"98方案"从教学内容上系统规划了专科、本科、硕士研究生、博士研究生的课程设置，形成了一个内容相互衔接、整体功能互补、知识结构合理的思想政治教育课程体系。"98方案"不但设定了每一门课的课程时数，而且还针对不同学科专业的特殊性进行了不同设置。在教材编写使用上采取了教育部示范教材推荐与各省市自编教材相结合的方法，充分地体现了原则性与灵活性的统一。

这一时期，国家大力推动了教学内容和教学方法的改革，中央及教育部都十分注重教学方法的创新,以保证思政教学与时俱进。

五、高校思想政治理论课的统筹协调创新发展时期(2004—至今)

  这一阶段高校思想政治理论课发展趋势良好,课程已经固定下来,同时思想政治教育教学的内容变得多元化,教学的方法也不断变得多样化,与前面的阶段相比,思想政治理论课的实效性不断提升。2005年出台的《〈中共中央宣传部 教育部关于进一步加强和改进高等学校思想政治理论课的意见〉实施方案》简称("05方案")中,明确规定本科要把"马克思主义基本原理""毛泽东思想、邓小平理论和'三个代表'重要思想概论""中国近代史纲要""思想道德修养与法律基础"等四门课作为必修课,同时,开设"形势与政策"课,另外,开设"当代世界经济与政治"等作为选修课。此后根据2016年全国高校思想政治工作会议上提出的要求,和2019年全国学校思想政治理论课教师座谈会精神,2019年教育部出台了《"新时代高校思想政治理论课创优行动"工作方案》,对新时代高校思想政治教育课改革创新和质量提升提出了明确的目标、主要措施和实施方案。进入新时代以来,国家将学生的思想政治教育放在了突出的位置。2019年中共中央办公厅、国务院办公厅印发的《关于深化新时代学校思想政治理论课改革创新的若干意见》中提到,思政课是落实立德树人根本任务的关键课程,发挥着不可替代的作用,并指出要不断完善思政课课程教材体系。

  2020年4月发布的《教育部等八部门关于加快构建高校思想政治工作体系的意见》中,就高校思想政治工作体系的构建,从指导思想、目标、任务、重点内容、保障机制等方面进行了具体安排,为"高校思想政治教育集成创新"提供了政策依据。

  在不同的时代,高校思政课在课程的性质、特点、内容等方面有不同的划分标准。虽然历年来在思想政治教育的内容及课程的开设上存在某些差异,但目前普遍的共识就是:高校思想政治理论课是一种德育课程,是一种理论课程,是一种必修课程,是一种国家课程。在新时代,仍然需要加强思想政治理论课的建设,在这个过程中,只有课程体系不断完善、课程内容不断与时俱进，思想政治理论课在人才培养中的地位才能不断提高。

第二节 思想政治课程的功能任务

一、思想政治理论课的功能

思想政治理论课经常被称作思政课，是当前我国高等院校学生的必修课，也是高等院校开展思想政治工作的重要渠道。具有以下功能。

（一）政治导向功能

高校思想政治理论课程具有政治课程的性质，也具备政治导向功能。这一功能不仅适应了高校学生的成长规律，也是社会主义大学办学目的的必然要求。一方面，大学阶段的学生正处于政治信念和价值取向形成和夯实的重要时期，这就需要有符合国家意识形态和社会发展要求的政治观点、政治思想和正确价值观对其进行教育和引导，使其形成坚定的政治信念和正确的价值取向；另一方面，通过此课程向高校学生传授马克思列宁主义、毛泽东思想、邓小平理论"三个代表"重要思想、科学发展观、习近平新时代中国特色社会主义思想，明确辩证唯物主义的思想，宣传中国共产党的悠久历史和优良传统，解读党和国家的路线、方针和政策，培养出以马克思主义为主导意识形态和具有坚定的社会主义政治信念和理想信念的人才。最终使当代高校学生能够不忘初心，坚持共产党领导，继承先辈的革命斗争精神和传统，坚决维护祖国统一和团结，将祖国的利益和荣誉放在心中首位。同时，具有献身祖国、报效人民的思想觉悟，坚定拥护党的领导和国家的政策方针，做忠诚的爱国主义者。

（二）道德培育功能

对高校学生进行道德准则教育和道德价值引导。通过向高校学生灌输道德准则和解析道德问题，让高校学生明确、熟知各种基本道德准则和学会判断何为正确的道德价值标准，何为错误的道德价值观念；培养高校学生内化于心的道德精神和道德素养，并逐渐使高校学生具备以不变应万变的道德能力。在实践中表现为在个人利益和国家、集体利益不可兼得时，能够从大局出发，坚持个人利益服从国家、集体利益，坚信团队合作的重要性和必要性；吃苦耐劳、勤俭节约，在生活、学习中做到艰苦朴素，吃苦耐劳；遵守法律，热爱国家，懂礼貌，讲诚信，为人团结和睦；积极进取，思想要具有正能量，用乐观豁达的心态面对生活，对于事业和学习要充满干劲，秉持着严肃认真的态度，能听进各方的意见和建议，吸取批评中的养分，努力完善自己的道德修养。

（三）文化熏陶功能

当前高校学生综合素质的培养和形成必须建立在拥有坚定的马克思主义信仰和对中国共产党和中华民族历史文化，党和国家的路线、方针和政策及对当前世界局势等全面理解的基础之上。这就需要通过思想政治课程学习，从而夯实高校学生的综合素质、培养其高昂的民族精神、激发其树立高度的社会责任感和较强的历史使命感。

大学生尚未踏入复杂多变的社会，还没有在这一过程当中积累丰富的经验和阅历，在对待事情时往往会过于理想化。同时，他们对于社会上的部分现象存在着困惑。特别是在多元价值理念和社会思潮涌入我国之后，给高校学生的学习生活带来了很大的影响。而在大学这一宝贵的时期，教师要注重优化教学实践活动，让学生能够拥有正确的选择，在困惑当中找到正确的方向，坚定理想与信念。

（四）能力培养功能

高校教育不仅要让高校学生熟练掌握专业科学文化知识和广博的相关知识，还应该着重培养高校学生的综合素质能力。在培养和提升高校学生的综合素质能力上，高校思政课程具有其他课程无法比拟的独特优势。如在"马克思主义基本原理概论"课中，通过讲解唯物主义思想，能够帮助高校学生形成科学的世界观和方法论；通过讲授唯物辩证法，可以形成严密的逻辑思维等。

（五）行为引导功能

毋庸置疑，不管理想信念的层次如何，最后都必须在实际行动当中进行展现。而通过对高校学生日常学习生活中的行为进行分析，也可以从侧面体现出他们的整体素质，特别是思想政治素质。思想政治理论课程教师要充分发挥自身在学生行动指导方面的积极作用，认真剖析学生出现有关行动的原因。可以积极组织高层次的校园文化实践活动，如专家讲座、校园文化艺术节等活动，让他们能够将正确的思想理念内化为实际行动。

二、思想政治理论课的任务

高校思想政治理论课是高校思想政治教育工作中处于一线的核心单元，对高校思想政治理论工作的成败得失具有根本的影响。因此，明确高校思想政治理论课的任务，是确保高校思想政治教育任务能否高质量完成的前提。具体来说，当前阶段高校思想政治理论课的任务主要有以下几个方面。

（一）引领和教育高校学生坚定推动中国之治

中国之治是中国道路、中国制度、中国智慧、中国文化、中国精神等合力开辟的人类史上空前的社会治理与人的发展模式。在新时代条件下，我国正处在走向世界舞台中央的进程中。所以，对于高校思想政治理论课而言，要学习践行社会主义核心价值观，无论是培养"四有"新人，讲解"四个选择"的逻辑，还是将马克思主义的认识论、方法论与中国革命和建设事业有机结合，开辟马克思主义中国化新道路，建构马克思主义中国化新境界，都是来为中国之治逻辑的成立服务的，也是为坚定中国之治的中国自信奠基的。

（二）引领和教育高校学生将个人价值与社会价值辩证统一

以马克思主义理论四门主干公共必修课为例，"思想道德修养和法律基础"旨在帮助学生端正和塑造正确的"三观"，坚定理想信念，厚植家国情怀，将个人价值与社会价值辩证统一起来，为共产主义奋斗终身。此门课程就是给初入校门的高校学生一个高远的目标,至于如何实现人生价值并没有立即给出答案。这个答案在后续开设的三门公共必修课中逐渐得到了明确的回答。

"中国近现代史纲要"课程通过回顾历史,让学生明白过往的风云人物中,与时代大势同向而行者成就了大业,背离或者逆向而行者只能留下历史的喟叹。通过这门课程的学习,给了学生以大量而生动的事实教育,从中吸取可贵的经验,更有助于他们完善自身的思想,寻求成功的规律和方法,对于高校学生走上正确的成长道路是非常有借鉴和帮助意义的。但其理论似乎并没有说透。

而在"马克思主义基本原理概论"课程中说透了这个理论,因为在马克思主义的指导下,中国人民在中国共产党的领导下取得了独立解放的胜利,走向了繁荣富强。当然,只是通过历史的教育并不能证明当下和未来。

"毛泽东思想和中国特色社会主义理论体系概论"在最后阶段,加深了高校学生对社会主义制度优越性的思考。此门课程担当了宣传教育和引领高校学生的任务,让高校学生在思索中获得启发,增强了民族自信感和认同感,让他们相信中国共产党不但过去,也在当代更在未来必将继续取得辉煌的成就。其激励学生不断完善自我,为中国特色社会主义事业而献身奋斗。作为中国新时代的建设者,唯有将个人价值和社会价值统一起来,才能顺应大势,走向有价值的人生。

(三)引领和教育高校学生将习近平新时代中国特色社会主义思想作为成长进步的指南

习近平新时代中国特色社会主义思想是马克思主义中国化的最新理论成果。它是党在新时代的实践基础上形成的,对于新时代中国特色社会主义建设而言,具有旗帜、纲领和灵魂的地位与作用。因此,按照习近平新时代中国特色社会主义思想"进教材、进课堂、进头脑"的要求,新时代高校思想政治理论课的核心任务之一,就是用习近平新时代中国特色社会主义思想铸魂育人,教育、引导高校学生学深、悟透、做实。要原原本本学,结合实际学,认认真真学,在教育教学中,有机融入,将高校学生培养成为合格的社会主义建设者和接班人。

第三节　高校思政课程体系的创新优化

一、思政课程的创新优化

（一）高校思想政治教育公共必修课程的创新优化

当前高校思想政治教育公共必修课主要包括本（专）科阶段的四（两）门主干课，外加思想政治理论课实践教学和"形势与政策"课，根据十九大精神指导和相关要求，"习近平新时代中国特色社会主义思想"按照"三进"要求，也将逐步在本科阶段和研究生阶段全面铺开。与之相对应，教育部就上述各思想政治理论公共课程的学时、学分予以明确规定，要求各学校必须开满开全，不能以任何理由削减课时，确保量足质优。那么，在此大框架确定的前提之下，如何优化、完善公共必修课课程体系，则是需要从结构、内容上进行优化的问题，辅之以与教师的良性互动。只有制度坚实保障，才能够在大框架下，提升每一门思想政治理论公共必修课的教育教学质量。

1. 对教学内容进行优化

虽然各门课程的学时设定有着明确依据，然而各位教师的教学风格、教学重点、教学组织等各有差异。因此在有些老师看来，学时不够的情况依然存在。面对这种矛盾，急需各个学校以教研室为单位，就所带课程进行创新式的集体备课，就教学内容、教学组织、教学质量等问题进行集中研讨，优化教学内容、设计教学路线、交流教学方法，确保各门课程的学习内容不打折，教学效果有保障。

例如，当前本科阶段教学中，"毛泽东思想和中国特色社会主义理论体系概论"课程讲授内容多，牵涉面广，教师普遍反映无法面面俱到，因此，专题式教学在各个高校被普遍应用。专题式教学的好处是内容聚焦，便利教师重新组织课程和教材内容，在聚焦重点、难点的基础上，尽可能做到内容的全覆盖。

(1) 政治教育：突出主导性内容

政治教育的内容主要涉及政治理想、方向、立场及纪律等方面，其核心内容是有效地解决一些与社会制度、国家、阶级相关的重大问题的态度与立场。高校在开展思想政治教育工作时应始终贯穿政治教育思想，指导思政教育沿着正确的发展路径改革。

(2) 思想道德教育：优化基础性内容

高校应正确地意识到，优化思想道德教育内容结构的关键并不在于认知规范，而是道德的内化和实践，学生要养成主动用道德规范来约束自身行为的良好品格，并不断地提高自己的自律能力。

新时代，必须从高校学生思想状态的实际情况出发，积极探索创新先进的教学方式，并牢固树立社会主义核心价值观的指导地位。此外，还需要高度重视科学发展观，并将科学发展观贯穿落实到高校的各项教育教学工作当中，以顺应时代发展的客观要求。

2. 对课程内部结构进行优化

"思想政治理论课实践教学"和"形势与政策"课务必要在与理论课有机结合的基础上开设，确保关联性、一致性、补充性和全面性。

当前部分高校的这两门课程虽有开设，但是铸魂育人的效果不是特别明显。究其原因，一方面是部分学校将这两门课程划拨给了校团委、学生处的老师以及辅导员、班主任队伍，由此难以保证这两门课程与其他几门理论课程在体系上的完整性。另一方面，由于代课教师的学历背景、教学水平、认知能力等千差万别，所以导致两门课程的主渠道、主阵地作用的发挥成为疑问。因此，在课程体系优化完善方面，急需改变这一现状和设置上的短板，否则从全局意义上来说，就破坏了国家制定的既有的课程体系，显然于情于理都是需要思考的一个问题。

（二）马克思主义理论专业课程的优化

当前部分学校开设了马克思主义理论本科专业，由于各个学校的人才培养方案各有差异，开设课程也各有不同和侧重，其在很大程度上取决于所在学校的师资力量和学科方向。因此，很难就专业课程体系做统一性的优化完善，只能从优化完善的原则角度提一点意见。

1. **根据人才培养目标进行优化**

同样开设马克思主义理论专业，但是每个学校的人才培养定位和目标不同，就会呈现出差别。比方说师范类院校和综合类院校、理工农医类院校和文科为主的院校，他们的人才培养定位和目标均不尽一致。在这种情况下，相对应的培养方案，以及由此设定的课程体系就应该有所区别和侧重。例如作为综合类院校的重点马克思主义学院、和师范类院校的重点马克思主义学院，其培养方案绝不能完全一致，如果完全一致，就违背了两个学校的设置初衷。综合类院校根据其人才培养的定位和目标，所建构的课程体系就要把视野扩展得更大一些，不能局限于师范类人才的定位和培养。同理，师范类院校根据其人才培养的定位和目标，所建构的课程体系就要把眼光聚焦得更专业一些。坚决反对无视人才培养定位和目标，在培养计划中建构大而全，不能凸显学校和行业特色的课程体系。

2. **根据课程自身的规律和特点进行优化**

马克思主义理论一级学科之下共有六个二级学科，那么在培养计划设定方面，就需要聚焦一级学科的规律和特点，细分六个二级学科的规律和特点。既不能求大求全，也不能缺边损角；既要保证一级学科的统一性，也要保证二级学科的特殊性。遵循二级学科的发展规律，优化完善各个二级学科的课程体系。

3. **根据国家和社会发展需要进行优化**

马克思主义理论专业课程体系并不是一成不变的，需要根据时代变化和社会发展需要与时俱进。比如20世纪八九十年代，该专业的培养计划需要偏重设置一些西方哲学社会科学方面的课程，这是因为当时的中国需要更多、更迫切地了解世界。时至今日，培养计划中除了中西方思想文化交流方面的课程有必要保留并修订之外，更需要根据变化了的国际局势及正在变化的中国，开设并加强服务于中华民族伟大复兴的课程，服务于坚定"四个自信"等的课程。如此才能保证培养出来的学生跟得上时代发展的需要，更好地服务于国家各方面的建设。

（三）以健全高校思政课程的保障机制为支撑

良好的教学保障机制及认同氛围的构建，需要多方的通力协作和共同努力。

1. 提高对高校思政课程的实际重视程度

国家和高校对高校思政课程的实际重视程度，直接决定着此课程的建设进度和效果。可以从以下两个方面来进行。

①进一步健全对高校思政课程建设情况的监督机制，加大对其专职教师队伍的培养力度。

一方面，国家目前虽然已实行了此课程的建设情况抽检和评估制度等，但正在实施的监督制度满足不了对各高校此课程建设的真实情况进行全面了解的需要，国家及相关部门应该进一步拓宽监督渠道，丰富监督途径，如将听取正面汇报与随机核查、明查和暗访、事先通知听课与随机听课相结合等。多途径、多方面的监督有利于全面、真实地掌握高校思政课程的真实建设情况。另一方面，在下发的《中共中央宣传部 教育部关于进一步加强高等学校思想政治理论课教师队伍建设的意见》中指出："本专科思想政治理论课专任教师要总体上按不低于师生1∶350—400的比例配备。"但目前多数高校的此课程专任教师数量未能达到这个比例。因此，国家要进一步重视马克思主义理论学科的建设和发展，尤其是师范类高校和此学科的硕士生和博士生的培养，要积极培养出一批又一批的高素质马克思主义理论学科人才，为满足高校对专职教师的需求提供保障。另外，国家或地方相关部门要充分发挥自身在协调各高校共享此课程教育资源方面的独特作用，使此课程教育资源作用最大化。针对此问题，国家或地方相关部门要积极探索教育资源共享模式，并做好监督工作。

②提高高校对高校思政课程的实际重视程度。高校应该从以下几个方面来落实细节性的问题。

第一，高校要积极探索此课程与其他课程的协同教育机制和模式，将高校学生思想政治教育渗透于各类课程之中，以潜移默化的形式来提高高校学生的思想觉悟和政治素质，进而提高高校学生对此课程的认同。

第二，高校及领导要准确定位和认识实践教学的地位和作用，把实践教学真正纳入正常的授课过程。实践教学是一种涉及学校多个部门的教学方法，需要各部门给予支持和密切配合。因此，高校及领导要督促教务处、财务处、后勤处和保卫处等相关部门积极配合实践教学并提供支持。此外，要积极创建校内外实践场所和基地。充分运用学校的资源，创建校内实践活动场所，如建立模拟法庭，方便高校学生进行模拟庭审等；要加强与社会相关单位的合作，建立高校学生校外实践基地要考虑单位性质、工作人员素质等因素，以免对实践效果产生负面影响。

第三，纠正相关部门及领导对高校思政课程价值的错误认识，合理安排其上课时间。上课时间的安排要尽量符合学生学习能力的变化规律，尽量安排在学习效果较好的上午进行，以进一步提升此课程的教学效果。

第四，加大投资，配备足量的现代化多媒体教学设备，同时加强对教师进行现代教育技术培训，确保每位此课程教师都能熟练操作现代化教学设备。

第五，招聘满足教学需求的教师数量，严把质量关，改变现有的"大班教学"模式，实行"中小班教学"模式。

2. 健全高校思政课程的制度保障体系

制度以其指导性和规范性的特点指导和规范着此课程教师的科研和教学；以其鞭策性和激励性的特性督促和激发着此课程教师科研和教学的开展及热情。为此，我们可以从以下两个方面来健全高校思政课程的制度保障体系。

（1）健全高校思政课程教师教学评价体系

健全的评教体系不仅可以督促教师的教学，提升他们工作的积极性，也可以通过高校学生的评教态度、评教结果的可信度来检验此课程的教学效果。因为高校学生的评教态度、评教结果的可信度是高校学生思想道德素质和价值观的外在行为表现，在一定程度上反映了此课程的教学效果。当然，评教制度的建立和实施的主要目的仍然是监督和监控此课程教师的教学情况，督促教师提升教学能力和科研能力。

①设计结构合理、全面的评价标准。科学的评价标准在设计时应保持与教学目标相一致、操作性要强，要综合考虑多方面影响因素，将教师的实际教学情况、参赛情况和指导学生参加社会实践情况等纳入评价标准体系。同时，在制订学生的评教标准时要符合高校学生的认知水平。

②评价主体多元化，调整各项分值比重。评价主体可以根据评价标准而进行分工细化，如可以结合教学督导制度，增加督导员对教师的评价；教务部门可以建立专门的评教小组，依据标准对教师进行经常性的、不定期的考核，作为学期评教的依据。同时应该降低学生评教分值在整体评教

体系中的比重，提高可信度更高的主体的分值比重，比如督导员的评价、教务部门依据相关数据做出的评价等。评教标准的科学化、主体的多元化可以更加全面、客观地对此课程教师进行评价，并以此结果作为对教师进行奖励的依据，客观、公平、适度的奖励不仅可以激发受奖优秀教师进一步提升教学能力和科研水平的热情，也可以增加那些教学能力有待加强和科研水平有待提升的教师，加强学习和虚心请教的压力和动力。

（2）完善高校思政课程教学督导制度

教学督导制度是高校为更好地贯彻国家教育方针，改进教学管理，提高教学效果而依据相关政策法规和工作原则及流程，而建立的一种学校内部的监督和指导制度。督导员通过监控教学过程，掌握教师教学实况并分析总结，及时、客观地向学校相关部门及教师反馈实际教学情况和教学效果，并提出具有针对性的合理化意见和建议，从而保障教学效果和质量。结合当前督导制度存在的问题，高校要从以下三个方面来进一步完善此项制度。

第一，要重视督导制度的建立，准确定位督导制度的地位和作用，保证督导制度的权威性和独立性。

第二，本着专职和兼职、校内人员和校外人员、已退休教师和工作一线教师相结合的原则，聘用原则性强、具有崇高职业使命感，经验丰富的此课程退休教师为专职督导员。同时，吸收经验丰富、奋斗在教学一线的优秀专业教师和校外专家作为兼职督导员，建立动态的督导专家库。

第三，建立校、院二级督导体系，这样可以使校、院二级督导队伍互相配合，从而有利于提高此项制度的实效性；也可以更加全面地把握此课程教学的实际情况，从而提出更加全面、有针对性的改进意见和建议；同时，还有助于学校和思政课程教学部门有针对性地制定评教标准，配合评教制度的有效实施。

二、思政课教学体系的创新

（一）教学体系的创新

教学体系是一个有机组合的运作整体，那么，就教学体系的创新而言，务必依据教学体系的特点，在教师队伍、教学场域、教学内容等方面进行相对应的、科学的、符合规律的改革与规范。具体来说，教学体系的创新需要坚持以下几个原则。

1. 依据教师队伍实际情况进行创新

从宏观角度审视教师队伍，思想政治理论课教师的实际情况，主要看数量、结构、学历、培养体系、梯队建设、培养机制等问题，这些方面的矛盾处理得好的地方，创新的基础和前景就比较光明，这些方面的矛盾处理不好的地方，其创新的基础和前景就需要发挥创造性，努力、有效地解决。

从中观角度审视教师队伍，主要是从一个学校的角度观察学校思想政治理论课教师的实际情况，除了看数量、结构之外，也要看本校的培养体系、梯队建设、培养机制等问题，特别要观察学校范围内思政课教师的成长发展问题，创造出一个留得住，愿意干，争着干的环境和氛围，为思政课教师队伍的稳定发展创造出良好的发展空间。

从微观角度审视教师队伍，主要看每一个体的学历背景、优点不足及发展特点和个人实际。要对教师进行区别化培养，精准式推进。要把教师个体的实际和他能所担负的任务有机统筹，在最大化各自优势的基础上进行创新，只有把教学和科研方面的某一类难题交给最适合创新的团队或个体，才能实现人才队伍资源开发创造的最大化。

2. 坚持依据教材和学情进行教学体系创新

依据教材和学情进行创新的目的在于保证创新的方向和步骤，脱离教材进行任何形式的创新，思想政治理论课就有可能变成"鸡汤课"，也会大概率脱离思想政治教育理论课的本质。比如就"中国近现代史纲要"而言，如果脱离教材进行创新，那么就可能把这门课程当历史课来讲，而这门课是政治课，是让学生理解"四个选择"等中国近现代历史上事关国运的重大问题的一门课程。对"思想道德修养和法律基础"课程而言，如果脱离教材，大概率会变成"鸡汤课"，所谓"鸡汤课"就是没有营养价值的课。为此，必须依据教材进行创新。同时也要依据学情进行创新，学情是教学创新改革能否正常开展的前提，无视学情的创新，会事倍功半，见不到实效，浪费各类资源。比如对于理工科学生和文科学生，不能适用统一的教学模式和教学方法，无论是资源配置还是讲授方式，以及任务安排都要体现出学情的实际,反之,所谓的创新距离初始目标就会越来越远。

对此,可以根据高校学生个性特征,构建立体化的教材体系。

教材是依据一门学科的教学大纲、学科理念、学科内容和学科价值等进行编写的系统理论体系,其目的是为了更好地实现学科目标。高校思政课程教材是高校学生进行学习的基本资料。因此,我们要努力构建、编写科学、体系完善的教材体系,以满足现实需求。具体来说,可以从以下两个方面来完善。

(1) 构建立体化的教材体系

国家宣传部门、教育部门要建立健全高校思政课程教材使用情况监测制度,就要记录、分析师生在使用教材后的反馈意见和建议,并及时组织专家、评论研究人员和工作在教学一线的、经验丰富的教师依据教学大纲和师生反馈的意见、建议完善教材体系,构建包括必备教材、相匹配的辅助资料、实践教学课本和电子资料等在内的,全方位、数字化的教材体系。

(2) 根据高校学生特点,科学地编撰、修订书本内容

首先,在编撰、修订教材时要紧跟时代潮流和热点。根据国内外各方面的变化、发展及我国正处于社会主义初级阶段和社会转型期的客观现实,在坚持马克思主义意识形态主导地位和社会主义性质等的前提下,及时删减与时代发展不适应的内容,增强教材内容的时代感。其次,在编撰、修订教材时不可一味地回避一些社会现实问题,要把这些问题直接不加修饰地呈现在教材内容中,并用此课程的专业知识来分析、把握这些问题,以消除高校学生的困惑,进而增强教材内容的说服力和可信度。最后,在编撰、修订教材时要结合高校学生关心的社会热点、社会现实问题和切身利益的特点,使教材的理论和高校学生自身实际密切结合,以此来激发高校学生的学习兴趣。这样可以使高校学生感受到教材内容的真实性和时代性,增强教材的亲近感和说服力,更好地激发高校学生学习此课程的热情,从而增强高校学生对此课程的认同。

3. 坚持依据教学反馈进行教学体系创新

依据教学反馈进行创新是一个及时互动、不断调适、争取让教学不断得到进步的过程。所以,教学反馈要确保及时性和长效性,即一方面在较短区间内讲究及时反馈,一方面在较长区间内讲究跟踪反馈。也要确保科

学性和合理性，反对一刀切的评价反馈，反对不顾及实际学科特点的评价反馈。教学反馈也要注意全面性和综合性，确保教学反馈不是单独的、片面的评价，要确保学生主体地位，要将专家意见和学生意见，以及其他听课老师的意见综合全面、实事求是地反映出来，否则也会给教师本人带来不必要的浪费和偏差性引导。

（二）教师队伍的培养

1. 提升思政课教师队伍的专业素养与综合能力

思政课教师队伍的培养要在满足数量的基础上，提升质量。一是当前的思政课教师队伍中，学科背景复杂多样，缺乏马克思主义理论基础性和专业性训练的教师依旧占据相当比例；二是因为近几年新进教师尚需成长的时间空间，才能成长为满足学生和新时代需要的教师；三是思政课教师的职业成长培训工作尚需规范化和科学化。鉴于此，全力提升思政课教师队伍的素养和能力，必须加快推进思政课教师队伍的建设。

一方面，要严格落实国家关于思政课教师队伍培养与培训的要求；另一方面，要做好分众化培养培训工作。当前思政课教师学历高低有别、教学能力参差不齐、学科方向存在差异。为此，培养学科队伍必须进行分众化培养培训，不能笼而统之地培训，要有针对性。此外，还要注重实践类培养培训。实践类培养培训不能仅限于寒暑假走走看看，要督促思政课教师走出书本，躬下身子，参与生产实践和调查研究，这样才能有助于更好地理解新时代的中国和变化发展中的世界，才能反哺课堂，增加课堂的吸引力，提高教育教学的实效性。

2. 培育思政课教师队伍深厚的家国情怀

有深厚的家国情怀就是要求思想政治教育教师要从内心深处散发出对自己祖国的热爱，要深刻认识到中国特色社会主义制度的优越性，自觉的关心国家，敢于同危害社会的邪恶势力作斗争。

要想讲好思想政治理论课并不容易，因为思想政治理论课教学要求高，要求教师要有深厚的专业功底、渊博的文化知识、敏锐的洞察能力、宽广的学术视域、娴熟的教学技能，才能常讲常新，让学生真心喜爱、终身受益。因此，要在习近平总书记提出的"四有"好老师标准的基础上，更进一步严格要求自己。在培训培育问题上，将"六要"标准作为自己成长的方向，一定要与祖国同呼吸共命运、与学生心连心、与人民同进退，做"政治要强"①的好教员，坚定信仰，严格遵循党的政治原则和方针路线，忠于党的教育事业，保持清醒的政治头脑，敢于亮剑发声；做"情怀要深"②的好教员，心系家国、关注民生，践行以人民为中心的思想，因此更应当有对人民、对社会、对祖国的诚挚的感情，对历史发展充满自豪和信心，愿意将自己的成长同社会发展大势和国家的前途命运结合到一起；做"思维要新"③的好教员，坚定理想信念，改变原有的陈旧思维，创新教学方式方法，坚持马克思主义认识论和方法论；做"视野要广"④的好教员，扩展思想政治理论课的深度和穿透力，实现古为今用，做理论上的明白人，实践中的引路人；做"自律要严"⑤的好教员，知行合一、秉持正义，全面加强对学生的正面教育，自觉开展正面宣传，严格约束自己的行为，做到表里如一；做"人格要正"⑥的好教员，坚持正确的政治方向、科学的政治价值、高度的政治责任，用高尚的人格魅力和真理的力量，做好凝聚学生、感染学生和团结学生的工作。另外，要坚持问题导向，紧紧围绕党的治国理政战略，学会用学术讲政治，夯实马克思主义信仰的科学基石。

---

① 习近平总书记主持召开学校思政课教师座谈会强调 用新时代中国特色社会主义思想铸魂育人 贯彻党的教育方针落实立德树人根本任务 [N]. 人民日报，2019-03-19.
② 习近平总书记主持召开学校思政课教师座谈会强调 用新时代中国特色社会主义思想铸魂育人 贯彻党的教育方针落实立德树人根本任务 [N]. 人民日报，2019-03-19.
③ 习近平总书记主持召开学校思政课教师座谈会强调 用新时代中国特色社会主义思想铸魂育人 贯彻党的教育方针落实立德树人根本任务 [N]. 人民日报，2019-03-19.
④ 习近平总书记主持召开学校思政课教师座谈会强调 用新时代中国特色社会主义思想铸魂育人 贯彻党的教育方针落实立德树人根本任务 [N]. 人民日报，2019-03-19.
⑤ 习近平总书记主持召开学校思政课教师座谈会强调 用新时代中国特色社会主义思想铸魂育人 贯彻党的教育方针落实立德树人根本任务 [N]. 人民日报，2019-03-19.
⑥ 习近平总书记主持召开学校思政课教师座谈会强调 用新时代中国特色社会主义思想铸魂育人 贯彻党的教育方针落实立德树人根本任务 [N]. 人民日报，2019-03-19.

（三）教学环境的构建

1. 实现公平公正的教学

思政课教师务必建立公平公正的教学场域，以公平公正凝聚学生和号召学生。自古以来，中国人对社会的认知有一个最基本的法则，那就是"不患寡而患不均"（《论语·季氏》），中国人对公平公正的追求是刻在骨子里的。

对于学生而言，如果一个思政课老师做不到公平公正，学生会产生排斥心理，甚至无视。即便只是上了 8 个课时，认识不全所有的学生，但教师也要坚持公平正义这一法则不动摇，做不到公平正义，最终会思政课的整体教育效果带来损失，影响主渠道的教学实效。

目前来说，影响公平正义的主要表现，一是教师的价值观不正确，以金钱、地位等作为衡量人生价值的标准，在教学和生活中，自觉不自觉表现出拜金主义，学生发觉或者意识到这个情况之后，就会对教师的印象打折扣，上课时候对这个老师教授的所有理论知识也就不以为然了。二是在评价环节优亲厚友，对"关系户"学生格外照顾，如果这个学生本身足够优秀，其他学生自然无话可说，但是这个学生如果没有做出令人信服的成绩，则会在更大范围内影响学生对社会的判断。上述两种情况，看似是小事，实则在学生心目中是大事，直接影响着师生关系和学生间关系的和谐，进而导致学生对教学和上课产生排斥心理，没有任何乐趣可言。当这种认知传染开来，无论这个教师如何有才，也就不会再具有号召力、凝聚力和吸引力了。

2. 实现科学高效的教学

科学高效的教学场域能够确保学生学有所得，确保教师教有所获，师生双方同时得到价值实现。为此，科学高效的场域构建务必做好以下几个方面的工作。一是教材体系到教学体系的成功转化，这种转化的成功能够避免照本宣科、避免全堂灌输、避免单一枯燥的讲授，能够将教学重难点、教学目标与学生相结合，与国情相结合，从而使学生身临其境，感同身受，自觉与祖国人民同呼吸共命运，自觉将人生价值的实现与国家和人民的富强幸福有机结合在一起；二是尊重学生成长规律和教育教学基本的规律，辅之以特殊事情特殊处理，应用科学合理的方法路径为实现思想政治教育的目的而努力，三是把握思想政治教育的特征，学会灵活应用思想政治教育方法，完成思想政治教育的主要任务。依据学科特点，坚持诸多方法的灵活应用，是建构科学高效教学场域的基本要求。

3. 实现危机管控的教学

教学场域作为一个密闭狭窄的空间，由于师生之间、学生之间的交流互动而构成一个交往共同体，由此决定了矛盾的必然性。作为教师，必须做好场域管控，否则会给多方带来不必要的损失。其中突发性危机事件最能考验思政课教师的教学场域管控和创新能力。为此，合理利用场域内的突发事件，进行积极转化，避免消极共振，能够在"谈笑间"给学生以巨大的心理震撼，从而达到思想政治教育特别强调的立德树人的效果。

学生在课堂玩手机早已司空见惯，很多学校为了杜绝这一现象，采用非常之法，课前收缴集中者有之、不准带入课堂者有之、严厉处罚者亦有之。为了提高抬头率而强制学生不带手机或者收缴手机并非一个良好的措施，而是应该对玩手机者进行积极正面引导，帮助他们走到认真自觉听课的路上来。例如，某同学在课堂上玩手机的时候，点开了某视频播放平台，课堂上顿时响起了音乐。歌声响起来之后，这名学生很紧张很慌乱，以为教师在课堂上肯定会责怪并严厉处罚她，那么此时，如果教师能够进行积极的正面引导，做出积极转化，比如紧跟着音乐唱出后面的唱词，并进行刻意的表演，那么教学效果不言而喻。但教学场域的构建并没有就此结束，可以紧接着从这首歌的歌词出发，适时引导学生做更深一步的理解。科学高效地教学能够推动师生双方走上良性循环的道路。

（四）教学内容的整合

思想政治教育学科的教学内容涉及庞杂宏大，自然科学、哲学社会科学都有所涉及。如何将政治教育的相关素材与课堂教学紧密联系，与教学目标有机融入，则考验思政课教师的取舍整合能力。为此，需要做到以下两个方面。

1. 开阔视野，扩大知识面

思政课教师必须扩大视野，按照习近平总书记要求的那样，做到"视野要广"，上知天文下知地理，左眼观国内，右眼察世界，心中装人民。因此，理工农医方面的知识必须了解一些，利用当前智能手机平台，各类公众号都需要关注一下，特别是科技前沿的问题，以及人类社会在科学领域取得重大突破的新闻，都要了解一些，如果学生问到了，至少不说外行话，即使掌握的不精确，也能做到不犯错误，没有胡说的程度。对文学、语言、管理、经济类的知识则尽量做到能够与学生对话的程度。对于哲学、历史、教育学、心理学等与思想政治教育密切联系的学科，则必须做到精通的程度，否则真就无法应对教学内容越来越丰富，教学要求越来越高的现实了。

2. 根据教学目标和自身的知识面确定讲解内容的宽度和深度

如前所述，思想政治教育教学的内容涉及面广量大，有限的教学时间之中，难以完成所有教学内容。为此需要去粗取精，将教材体系转化为教学体系。其中涉及内容取舍的问题，则要注意以下几个方面。

第一，取舍原则，重点内容坚决讲深讲透，与核心目标具有较高支持度和关联度的内容不能丢弃。

第二，取舍不是简单的减法，而是综合应用之法，即将教材中的内容按照授课习惯和厘定的逻辑，重新进行排列组合。该粗讲则粗讲，该细讲则细讲，不能随心所欲地丢掉和舍弃，注重充分利用其中的素材，注意各部分内容的衔接。

第三，要在有限的教学时间中完成规定的教学内容，不能只讲一半或重点讲某一部分。只讲部分的现象经常发生在"中国近现代史纲要""毛泽东思想与中国特色社会主义理论体系概论""马克思主义基本原理"三门公共课中。如有些老师只讲"中国近现代史纲要"的第一编和第二编，或者最多讲至1966年；如有些老师不讲"马克思主义基本原理概论"中的科学社会主义部分。这些都是不符合教学内容方面集成创新要求的做法的。为此，受制于教育背景和教学能力，思政课教师对教学内容一定要在原则指导下，灵活处理，对于自己不熟悉的领域要加强学习，该补课的地方要补课，坚持活到老学到老，杜绝一本教案用到底，一个案例一辈子。需要根据变化了的教材和时代、变化了的学情和矛盾，有针对性地学习、扩大知识面地学习，加强知识储备的宽度和深度，真正做到学高为师，行为世范。

（五）教学方法的应用

思想政治教育方法多样，就日常教学而言，需要灵活综合应用，才能不断提高教学实效。

1. **确定教学方法选择的原则**

选取教学方法的原则，一是根据教学内容选择教学方法。有些内容适合感染教育的方法，比如理想信念的问题，如果将先进人物和榜样的光辉事迹采用多种艺术化的表达方式，那么就会更容易感染人。每年岁末年初的《感动中国》栏目就是一种很好的实践。当然，限于时间、地点和条件，有些内容无法充分展示，也可以结合其他方法进行教学。二是根据教育对象选择教学方法。本、专科学生学情不一样，理工科学生和文科类学生的学情也不一致，西部地区学生和东部地区学生的学情亦有差异，根据教学对象的不一致，在讲授过程中，既需要全面观照特殊性，也要保证一般性。三是根据具体目标任务和内容的不同选择教学方法。要做到灵活应用和综合使用有效的教学方法，尽量不采用一刀切的简单化的教学方法，该使用比较教育法的时候用比较教育法，该使用激励教育法的时候使用激励教育法，要按照时代要求和学生的期待，使用合宜的教育教学方法。

2. **提高信息素养和能力**

当前部分思政课教师在网络信息时代，信息搜集处理和判断应用能力较弱，意愿不强，很难适应代要求。拿网络思想政治教育理念和方法而言，部分教师虽然知道学生都在网络空间，但是迫于自己没有信息跟进和观点表达能力，也就无从做到引导和教育。如此一来，小课堂的教育教学成效就难以体现，毕竟不是每个学生都能在一节课之内就能消化和吸收，何况思想政治教育还是一种润物无声的集合理论与实践案例，知行合一的教育。为此，思政课教师需要不断提高信息交流的素养和能力，以便于在课下、课外吸收最新的理论成果，与时代同节拍，与学生同视角，将小课堂与大社会有机联系起来，促进课堂教学生命力不断获得延伸和成长。

（六）教学效果的考核反馈

科学合理的考核反馈，既是做好创新优化的前提条件，也是创新优化的题中应有之意。

1. **学生评价应该居于考核反馈的中心地位**

教学是师生双方互动的，集合知识性、传承性、创造性等于一体的实践互动。因此，对于教师教学活动的评价，必须确立学生为核心，在考核权重方面予以倾斜。当前有些学校对教师的教学评价非常注重专家考核，专家听课的权重明显高于学生的评价权重（此种做法忘记了学生是教学实践过程中的利益相关者，"每个学生都是一个独立的人"，没有哪位学生会对不负责任的教师产生好感，因为不负责任的教师损害了他们的利益）。在专家考核反馈中，要求细分评价指标，对教学过程性指标权重予以细化和重视，强制要求教师对整个教学过程进行留痕操作，教师疲于应付这些书面材料，有些教师甚至不得不造假应付。反之，学生的评价考核只有印象分（总体分），没有专项评价分，权重很低。这种考核无视教学主体的感受，既做不到对教师的尊重，也做不到对学生的尊重，有违教学规律。

2. 考核反馈必须尊重思想政治理论课的特殊性

部分学校对思想政治理论课教学的考核评价，无视思想政治教育学科的特殊性，采取一刀切考核反馈，将其与知识性学习为主的专业课程拉在一起考核评定，这种考核无疑是不科学的。一刀切的主要做法是考核指标及权重的一致性，当前思想政治理论公共课统一采用通用教材，但是在考核专家的打分表上，被考核对象的这一项分数各不一致，让人啼笑皆非。考核专家组成也在部分学校存在一刀切的现象，文理科专家混编成组，这种一刀切对任何一门学科都是不公平的。为此，要做到创新优化，必须在考核反馈环节做到特殊性和一般性的有机结合，不能仅仅从一般性出发，不考虑思想政治教育的学科的特殊性。针对考核反馈，教务处、学生处、马克思主义学院等要协同配合，将考核力量最大化，组成专业考核团队，与学生一起进行考核反馈，抓常态化、抓制度化、抓根本、抓立场，而不仅仅是一些细枝末节的督查。在考核指标和权重问题上，从课堂出发，以学生为主，围绕课堂教学进行考核，如此才能真实反映出一位思政课教师的真实教学水平。

（七）学生考核体系的完善

对于学生的评价，应着眼于不断提高学生思想政治素质和学习能力、实践能力、创新能力，考核的原则是：一要兼顾平时考查与期终考试，把平时考查放在突出位置；二要兼顾理论学习的考试与实践能力的考查，把实践能力的考查放在显著位置；三是突出学生自主学习、主动实践和创新能力的培养，调动学生主动实践的积极性、创造性，将社会实践能力考查成绩单列。在期末考试试卷中，应该留有一小部分的考试内容，让学生自己出题自己作答，充分发挥个人的见解，展示自己最好的学习成果。

（八）评价体系的创新

评价体系作为一个整体意义上的反馈过程，不同于课堂教学反馈和评价。如果课堂教学反馈和评价属于微观评价，那么评价体系意义上的评价则是宏观评价。这种宏观评价同样事关思政课教师的获得感和成就感，事关思政课教师队伍整体能否实现可持续发展壮大，事关思想政治教育能否为中华民族伟大复兴持续贡献积极的能量。因此，做好评价体系的集成创新工作，事关思想政治教育集成创新的"最后一公里"，其重要性不言而喻。

1. 按照既定规划推动教学评价的发展

面对五花八门的评价体系和评价指标，教师在思想认识上需要有所为有所不为，不为乱花迷眼，保持定力，做好思想政治教育的分内之事，抓主业、牵红线、立德树人。例如，有些教师排行榜除了看重学历、背景、年龄等基本因素之外，甚至看重海外学习背景，将海外学习背景作为一个次级指标予以加权计算。可能在有些评价机构印象中，有海外学习背景的教师更能显示其所在学院（科研机构）的吸引力、知名度等。但是，思想政治教育学科教师，如果生搬硬套这个指标，恐怕会犯刻舟求剑的错误。当然，海外学习背景有助于扩大知识面，有助于增强学科的社会影响力，但终究不是充分必要条件。因为，思想政治教育必须是站在中国大地上的一门学问。不忘初心，有所为有不为，扎根中国大地教书育人、立德树人，把有效地解决新时代社会主要矛盾作为主要任务，提升中国特色社会主义学科的发展质量，建设中国特色社会主义大学，培养具有中国气质、中国气派，为了国家富强、民族复兴而勇担大任的建设者和接班人。

2. 统一教学评价的衡量标准及权重

鉴于当前各类评价多元庞杂，给思想政治教育教学及科研实践造成的困惑，有必要由教育部相关职能部门牵头，全国重点马克思主义学院及拥有马克思主义理论本科专业的相关学校组成联合评价小组，就思想政治教育教学科研的评价体系进行创新优化。具体依据的文件有：《新时代高等学校思想政治理论课教师队伍建设规定》《新时代高校思想政治理论课教学工作基本要求》《教育部等八部门关于加快构建高校思想政治工作体系的意见》等。依据上述文件,从评价体系的内容角度而言,需要厘定评价原则,制定评价标准,设计评价方法,探讨评价路径,核定评价内容,确定评价指标及权重;从评价体系的层次而言,要区分办学层次、区分评价等级、区分评价类型(既要区分学校所处地域的类型,也要区分学校建设类型,还要区分学校层次类型),划分评价对象;从评价体系的纵横方向而言,既要进行横向比较,也要进行纵向评价;从评价体系的权威性而言,要将教育部本、专科教育教学评估工作和思想政治教育专业性评价相结合,不能各自为政,各宗其脉。

3. 集中培训和引导教务部门正确认识思想政治教育评价体系

在以生为本的大趋势下,各高等学校积极抓课堂教学是学生幸事,国家所期,家长所盼。但是,部分学校教务部门在提升课堂教学质量方面,照猫画虎,照抄照搬,无视教育教学是一般性和特殊性相结合的一项工作,拿着一条尺子划线,拿着一个标准要求学校所有的老师,评价体系无视学科特点。

比较常见的现象,就学校而言,工科类高校的教务部门往往不尊重哲学社会科学的基本规律,拿工科标准评价文科专业老师的教学水平;而文科为主的高校,对理工类学科的认识也存在偏差。看似积极行动的背后,实则伤害了老师投入课堂教学及改革的积极性。就具体教学而言,思想政治理论课是一门爱国主义教育课,也是一门意识形态安全教育课,还是公民道德修养和法治素养提升课,教材所设计的内容及内容之间的关系是密不可分的,整体性是思想政治理论课的鲜明特点。所以,在一堂课上,很难做到理工类学科那样的知识点聚焦化教学。换言之,学生在思想政治理论课上听到的知识点往往具有综合性和整体性,不一定能立即就发挥什么价值和作用。在此情况下,思政课教师如果在教学设计上将教学目标碎片化、单一化乃至割裂化,显然不符合思想政治理论课的学科特点。但是,很多学校的教务部门在检查评比中,必须要求有所量化,有所体现,甚至细化到必须说明考试题中的某一个题的考核目标。更不用说,有些教务部门严格要求教师将学生的成绩正态分布,人为制造学业差距,完全无视学生的成长发展规律。

鉴于上述不符合现实和科学规律的事情始终存在，为此，思想政治教育创新优化的前提条件，必须引导和规范教务部门顺应时代大势，尊重学科特点和规律，与教育职能部门、马克思主义学院及老师，一同就思想政治教育教学评价体系问题进行统一规范，与前述统一衡量标准和权重问题一同有效地解决，以便各高等学校的思想政治教育工作能够形成最大合力。

第四节　当前高校学生对思想政治课程的认同与获得

一、认同与获得概述

（一）认同与获得的主体与客体

认同与获得的主体是高校学生，认同与获得的客体是高校思想政治课程。高校思政课程是一个复杂的因素构成体，其构成因素不仅是高校学生对此课程认同的具体内容，也是影响高校学生对此课程认同的客观因素。主要包括课程价值、课程教师的综合素质、课程教材体系及内容、课程教学过程中所采取的教学方式方法、课程考核评价方式和课程保障机制及措施等。

（二）认同与获得的层面

1. **认同的三个层面**

将认同分为课程认知、课程情感、课程行为三个层面，通过这三个层面来判断高校学生对此课程的认同程度。

（1）课程认知

指高校学生对高校思政课程意义、属性和相关因素等的了解和认识，是认同的初级阶段和基础。

(2) 课程情感

课程情感是指高校学生在对高校思政课程的意义、属性和相关因素等认知的基础上，进一步在情感上对其表示赞同和认可，并在价值上对其进行选择，是认同的中级阶段。

(3) 课程行为

课程行为是认同的高级阶段，是指高校学生将思政课程所蕴含的思想和价值观念作为指导自我言行的行动指南。

这三个层面之间是递进、相互作用的关系。课程认知是认同的初级阶段和基础，为课程情感和课程行为提供可能；课程情感是认同的中级阶段，不仅是课程行为的催化剂，也是课程认知再次发生的动力；课程行为是认同的高级阶段，不仅是前两个阶段的最终、最理想的结果，也是前两个阶段再次顺利进行的驱动力。

2. 获得的三个层面

高校学生思政课"获得感"应该包含哪些方面，我们的学生应该从思政课中在哪些方面有所获得，这是我们应该予以关注的。高校学生可以在思政课上获得的东西很多，同样，我们从表层到内层再到深层将其分为三个层面的获得感——情感层面、理论或认知层面及行为层面。

(1) 情感层面

这一层面的获得感是刚接触一门思政课或者上思政课不久，从情感上觉得对这门课接受，愿意且值得上，觉得这门课能够和自己在情感上产生共鸣。这种获得感虽然是思政课获得感产生的初始阶段，但是对后面深层次获得感的建立的影响是举足轻重的。试想如果没有学生最初的思政课的情感上直观的喜欢，怎会有日后的价值认同乃至指导行为和实践？高校思政课是对高校学生主流意识形态和价值观的输入，这种输入是否有效，和学生最初心理、情感上是不是愿意接受有很大关系。这也是提升思政课亲和力的价值所在。

学生对思政课在情感层面的获得感主要包括课前的期待感，上课过程中的喜欢、接受和充实感，以及课后的满足和回味感。

课前的期待感是促使学生带着问题上课，精神饱满的迎接一堂思政课到来的基础，这是对一节思政课的好奇心。具体到一堂思政课上，就是能够使学生基于上一节课的获得，而带着浓厚的兴趣期待下一节思政课，并创造性地主动做一些预习和准备工作，从新闻、时政中阅读、收集相关资料并找到乐趣。上课过程中的喜欢、接受感是学生将思政课主动接受并进行下去的基础。

课上的充实感是指学生感觉思政课上有很多其他课程不可替代的内容，上课的体验不是乏味无聊的，不是耗时间等着下课的，而是充实丰满的。

课后的满足和回味感是指思政课对学生的影响不是一节课本身短短的几十分钟，其传播的积极正向的价值观，至少可以给学生一周的学习生活以影响，使学生在校期间快乐、乐观、积极、进取，使学生课后回味起思政课的内容就有努力学习、积极生活的动力。目前高校思政课通常是每个学期开设一门、每个学生每周一至两次课，如果让学生将每一周上完思政课的满足和回味感都延续至下一周，这样一直延续下去，就会形成一个良性循环。传导下去，对学生形成积极健康的四年大学生活乃至未来的人生道路，都有深远的影响。

（2）理论或认知层面

这一层面主要是思政课所传播和输出的内容，内化于接受思政课的高校学生的思想，在他们头脑中形成系统化或者理论化的认知，其主要应该包括以下几个方面。

①获得奠定未来发展基础的德智体美。在"德"方面，要使学生获得明大德、守公德、严私德的意识；在"智"方面，要使学生获得和强化"专业报国"的信念，有在所学专业领域深耕的工匠精神，成为担当民族复兴大任的智库后备力量；在"体"方面，要使学生具备为担当国家大任练就健康体魄的意识，放下手机走下网络投身于强健体魄的活动中，为实现中国梦奠定身体基础；在"美"方面，要使学生获得影响一生的审美情趣和人文素养，这不仅能使自己精神上丰富而有趣，而且也是坚定文化自信和实现文化强国所必需的。

②获得指导一生实践的马克思主义理论和思维。在这一层面，通过对思政课程的学习，掌握马克思主义理论，掌握唯物史观的视角和思维方法，才能建立起马克思主义思维方式，自觉运用这种思维方式开展日后的工作生活实践。

③获得社会主义核心价值观的价值认同。高校学生在核心价值观方面的获得感能够使他们在未来的发展中，明确我们应该建设一个什么样的国家、一个良性发展的社会应该遵循什么标准、作为普通公民应该最起码具有什么样的行为准则。核心价值观是党和国家一直在倡导，各种大众传媒也一直在宣传的，其能够让学生真正获得价值观的认同，树立价值观自信，是高校思政课应该完成的任务。

（3）行为层面

思政课的效果如果仅仅停留在学生在情感或者理论认知上有所获得，那么前者思政课和心理健康教育课并无区别，后者则与普通专业课无二。思政课最关键的作用，在于理论和价值观传播以后，还要指导学生未来的行为。学生从情感、理论的获得，到改善自身的行为或者以此作为行动准则，是一个飞跃，是实现中华民族伟大复兴的基础。

①对越来越好的自己的获得感。高校学生思政课行为层面的获得感，主要包括来自个体及来自他人或社会对自身行为的正面评价的获得感。这主要指高校学生通过思政课教育，基于情感获得和理论获得，真正用来指导自身的实践行为，朝着更加积极正向的好的方向改变。在此基础上，学生更加悦纳这种做出积极改变的自己，越来越自爱与自信。很多高校学生的微博或微信的个性签名，比如"让优秀成为习惯""做最好的自己"就是这样。来自他人或社会对自身行为的正面评价的获得感是指基于自己越来越好的改变，得到来自同学、老师的肯定，或者因为做出更加积极的行为受到社会的表彰等。这种行为层面的深层获得感，是与思政课的最终效果直接相关的。

②对自己越来越强大的有效解决问题的能力的获得感

高校学生从思政课中应该学到运用马克思主义改造主客观世界的方法，但这还不是最终目的。学生能够自觉地在未来的人生道路上运用马克思主义有效地解决实际遇到的客观现实问题和思想问题，才是思政课具有实效和学生具有深层获得的体现。例如，若干年后，学生在工作中、家庭中、创业中，遇到的顺与逆、得与失，能不能运用马克思主义辩证法正确看待，能不能用积极正确的人生观辩证对待人生矛盾、有效地解决人生问题。这种能力的获得与否，是衡量高校思政课学生获得感的一个方面。

二、高校学生对思政课程认同与获得的现状

当前,部分高校学生对于高校思想政治课程认同感与获得感较低,而产生这种问题的原因是多方面的。

(一)对思想政治课程价值认识不够

当前高校的部分学生对于思想政治这一课程的价值认识不足,这从根本上导致了高校学生不认同这一课程,造成他们对此课程的价值产生错误认识的原因主要有以下几个方面。

1. 高校学生的心智和能力有待完善

高校思政课程需要高校学生具备比较完善的知识结构、较强的辩证思维和逻辑分析能力、拥有一定的社会阅历和较强的心理素质,而当代高校学生的以上能力因种种不良因素的影响有待提高。其一,大部分高校学生来自独生子女家庭,从小学到高中生活上都由父母精心安排,学习上都由学校、老师给予教科书式的计划,这在一定程度上造成了他们的心智不够成熟,自主学习能力和学习的主动性欠缺,分析、认识和判断新事物的能力匮乏;其二,中学阶段的他们为了顺利升学,而把绝大部分时间用在学习上,致使他们很少接触社会,造成其生活阅历较浅;其三,中学阶段,他们因专业课学习几乎占据着全部的学习时间,而很少去学习其他方面的知识,从而造成他们的知识结构不够完善等。以上因素容易使部分高校学生因觉得此课程抽象难懂,而失去学习的兴趣和动力,长此以往,就会使他们因体验不到这门课的作用而对其价值形成错误的认识。

2. 不良环境的冲击

(1)不良社会现象和网络的负面影响

当前我国市场经济在不断推进和快速发展,但其相关法律法规却比较滞后和不完善,使社会上出现了诸如贫富差距加大、人情冷漠等不良现象;网络具有双面性,尤其是对于作为新一代"弄潮儿",而正确的价值观念和较强的价值判断能力又尚未形成的高校学生说更是如此。网络上的虚幻性、理想性遮蔽了生活酸甜苦辣的真面目。这些不良现象和"网络生

活蓝图"使得处于正确"三观"形成时期的高校学生，错误地认为此课程是不可信和无用的，从而对此课程的价值产生错误的认识。

（2）功利主义的侵蚀

随着全球化的进一步加强使一些不良思想和观念侵蚀着高校学生的思想，误导着高校学生的价值取向，导致部分高校学生逐渐形成了实用主义的判断标准和功利主义的价值取向。再加上我国严峻的就业形势和用人单位片面强调专业技能，而忽视思想道德素质的用人标准，使部分高校学生把关注自身未来生存状态和如何更好地就业放在首位，而把"为早日实现'中国梦'和共产主义理想而奋斗"视为空洞无用的说教。他们判断一门课程是否有用的标准是能否为自身未来的就业增添砝码，在他们看来此课程是属于不能直接为他们未来就业服务的课程，是无用的。

（二）高校思政课程教师的综合素质有待提高

随着国家对培养马克思主义理论学科专业人才的重视、各高校选聘此课程教师标准的规范化和对此课程教师培训力度的加大，使得此课程教师的整体素质较以前有了很大的提高，这在一定程度上增强了高校学生对此课程的认同，但仍存在因部分此课程教师的综合素质尚待提高，而影响了高校学生对此课程认同的情况。

1. 职业使命感有待提升

部分高校思政课程教师的专业认同感和专业理想信念有待加强。专业认同感和专业理想信念是此课程教师爱岗敬业的重要精神支柱，然而在现实生活中，一部分教师因对此课程的价值和作用认识不到位，而只把自己所从事的此课程的教学看作是谋生手段或一份工作，认为只需要按部就班地完成学校、学院安排的教学任务即可；同时，部分教师因自身的共产主义理想信念不够坚定，而对自己以前所学专业和课堂上所讲内容不信服，影响了他们的教学热情和动力。

2. 理论素养有待加强

高校思政课程不仅具有特殊的功能属性，还具有学术性，需要此课程教师能够对一些专业问题做出观点鲜明、有说服力的解读，以增强个人学术魅力，这就要求此课程教师要具备较高的专业知识素养。同时，还要求此课程教师不仅要有较好的专业理论素养，还要具备完善的知识结构和敏锐的观察能力，保障其能够站在理论研究的前沿和社会现实中，准确地为学生分析、解答一些复杂的社会现象和问题，彰显自身学识魅力，进而增强高校学生对此课程的学习欲望。然而现实中，部分此课程教师存在着专业理论素养不够高、知识结构不完善等问题，在教学方面无法引起学生的学习兴趣。

3. 教材的讲解与整合能力不足

①高校思政课程教师要能将晦涩难懂且带有浓厚政治色彩的教材书面语言进行加工，通过通俗化、幽默诙谐的教学语言表达出来，从而让高校学生更容易理解和接受。然而现实中部分此课程教师只是照本宣科，照读教材或PPT，这样不仅不利于高校学生理解教材内容，也容易触发他们的抵触情绪，从而影响着此课程的教学效果。

②高校思政课程的内容丰富、信息量大，在仅有的课堂上，无法完成每一个知识点的详细讲解。

③在横向上，高校思政课程内部的不同课程之间也有重复的地方，这就需要此课程教师在结合教学大纲，对此课程教材体系内容整体把握和了解高校学生已有知识水平的情况下，对教材内容有所取舍和侧重，准确把握教学重点。然而现实中有部分教师分不清教材内容的主次，在教学中"平均用力"，在有限的课时内为完成教学任务而采取单向式的教学模式和满堂灌的教学方法，忽视了高校学生的接受能力和课堂效果，严重影响着教学的实效性。

④重塑教材内容的能力有待加强。高校思政课程的理论性强且较为枯燥，不容易引起高校学生的学习兴趣和被其所理解。这就需要此课程教师将教材内容与现实生活相结合，把高校学生在日常生活中能体验到、接触到的东西或问题融入到教学实践中，让其产生熟悉感和亲近感，这样更容易被高校学生所接受，然而现实中部分此课程教师的这种能力却有待加强，影响着此课程的教学效果。

（三）高校思政课程的教学改革有待深化

近年来，随着国家相关部门和高校不断加强对此课程的改革力度，思政课教学已经取得了较为显著的改革效果，增强了高校学生对此课程的认可度，但仍存在一些问题制约着高校学生对此课程的认同。主要表现在以下三个方面。

1. 教材体系有待完善

一方面，教材体系有待完善。高校思政课程的内容丰富、理论性和逻辑性较强，高校学生要想全面、准确地理解、掌握教材知识，除了教师再课堂上的讲解，需要相应的辅助教材进行指导。另外，目前此课程教材体系中有关实践教学方面的指导用书还较少，制约着实践教学的有序、有效开展。

另一方面，教材内容编写的科学性有待提升。具体表现在以下方面。其一，教材内容的时代性和说服力有待提高。现有的教材过于强调相关内容的逻辑性和系统性，未能及时融入社会众多热点问题，致使教材内容的时代性有待提高。即使有时此课程教师在课堂上会涉及这些热点问题，他们的相关分析和解读也缺乏权威性；其二，教材内容编写的贴近性有待加强。此课程是以讲授马克思主义理论，党和国家历史，国家路线、方针、政策和学生思想道德培育等理论知识为主要内容的学科，不仅理论性较强、内容较为枯燥，而且其内容又不可避免地带有政治色彩，而当代高校学生又具有强烈的叛逆心理，再加上他们的认知能力有限，暂未意识到此课程对其自身发展的积极影响。在这种情况下，如果教材内容编写不能较好地结合社会现实和高校学生生活实际，容易让其因觉得此课程"假、大、空"而产生抵触情绪，影响教学效果。同时，当代高校学生的自我意识强烈，比较关注与切身利益相关的问题，教材的编写要充分考虑高校学生的现实需求，有效地解决他们所关心和觉得困惑的现实问题，如就业问题、不良社会现象等。

2. 教学方法有待提升

（1）教学方法的多样化有待提升

多样的教学方法、新颖的教学方式可以吸引高校学生的注意，让他们更好融入到学习中去。当代高校学生思想活跃，需要多样的教学方式方法来激发他们的学习兴趣。但当前有些此课程教师因受传统教育观念的影响，使得他们按部就班地采取高校学生最厌烦的"教师唱独角戏""一支粉笔、一本书"等老式、枯燥的教学方式方法，而不去尝试更加科学、突显主体性和符合高校学生身心特点的教学方式方法。

（2）教学方法的针对性和实效性有待加强

部分此课程教师虽然注重了教学形式的变化和方法的多样，但因教学方式方法的针对性和实效性有待提高，致使这些方式方法失去了应有的教学效果，导致事倍功半。

（3）实践教学的重视程度有待加强

当代高校学生思想活跃、蓬勃向上，好奇心、求知欲强，想要少点理论说教，多点实践教学，但部分此课程教师认为课堂理论教学更容易被掌控，更安全、更省力等；部分教师在实践教学中的角色定位错误，实践教学应该充分调动高校学生的主动性，杜绝教师大包大揽的情况，当然为保障学生安全和教学效果，应给予有效的监督和管理；参与实践教学的主体缺乏广泛性，部分教师只允许学习成绩优异的学生参加实践教学，这样会挫伤其他学生的学习积极性；形式缺乏多样性，由于实践经费和实践场所等因素的限制，导致许多高校的实践教学只采取固定的几种形式，只去固定的几个地方，大大削弱了学生的参与意愿，降低了实践教学效果。

3. 考核评价体系有待完善

（1）考核评价内容的全面性有待提高

一是部分高校考试内容呆板僵化。在只注重判定学生对课本基本内容识记情况的传统考试目标和分数至上论的统摄下，部分高校思政课程教师在考试时将考核重点仅仅集中在基本理论和概念等方面，导致考试内容呆板僵化。二是部分高校在对高校学生的能力素质进行考核评价时，主要集中在对高校学生的理论知识掌握情况进行考核，缺少对其行为能力素质的考核。

（2）考核方式的科学性和实效性有待提升

一是目前多数高校在对高校学生理论知识掌握情况进行考核时，所采取的方式是"一张期末试卷定此部分分数"的方法，这种方法不仅容易造成学生因问题得不到及时发现和有效地解决而越积越多，直至放弃此门课的情况发生，而且也不利于教师及时发现教学中存在的不足而有针对性地调整教学和及时帮助学生有效地解决问题。因此，其科学性有待提高。二是部分高校在对高校学生的能力素质进行考核时，不仅忽视了对高校学生行为能力素质的考核，而且在对理论知识的实践运用能力进行考核时的方式过于形式化，导致其实效性有待提升。三是"网络化考核"在许多高校虽然已经实施，但因部分教师并未真正认识到互联网对于考核方式改革的革命性推动作用，而导致此种考核方式"名存实亡"和效果"事与愿违"。因此，其网络思维有待增强。

(3) 实践考核评价机制不够完善

各高校虽已普遍采用实践教学的教学方法，但相应的实践考核机制却尚不完善，目前有部分高校只采用书写实践心得等方式进行考核，这种方式太过单一。当前部分高校为避免因统一命题而束缚教师教学特点的负面影响，而采用各任课教师自主命题的方式，但由于缺乏行之有效的监督，容易造成任课教师在对考题难易程度、考场纪律和阅卷尺度的把握上过于随意，降低了考核评价结果的可信度。

最后，考核评价结果的反馈作用遭忽视或使用不恰当。当前有些高校要么未对考核结果进行分析，要么就是因监督管理不到位而仅对考核成绩的及格率、优秀率等进行简单的统计和分析，致使考核评价结果未能充分发挥其应有的作用。

三、提高高校学生对思政课程认同与获得感的意义

（一）有利于激发学习兴趣

激发高校学生学习思政课程的兴趣，是指让高校学生在认知此课程的属性、价值和相关因素等的基础上，采取措施使高校学生对此课程产生内在需求，从而形成能够促使其认真学习此课程的内在学习动力。

高校学生对高校思政课程的认同与激发高校学生学习高校思政课程兴趣之间，是相辅相成、相互促进的关系。高校学生认同此课程，说明高校学生正确认知了它的价值，并在实践中体验到了此课程在自身生活、学习中的指导作用，对其产生了学习兴趣，会极大地缩短和提高高校学生对此课程认同的时间和认同度，进而有利于促进高校学生对此课程的整体认同。

（二）有利于提高高校思政课程教学的实效性

当前由于部分高校学生对此课程的价值认识不到位、教材内容安排不

够合理、教师综合素质有待提升及教学保障机制不完善等，在一定程度上引起了部分高校学生的排斥心理和抵触情绪，对此课程的有序开展造成了阻碍，影响着此课程教学的实效性。

高校学生认同高校思政课程，在一定程度上说明和反映了高校学生正确地认知了此课程的价值、教学改革效果得到了进一步提高及教学保障机制得到了完善等，这在一定程度上会缓解高校学生对此课程的排斥心理和抵触情绪，从而不仅有利于提高高校学生主动参与此课程课堂教学的积极性，进而感染此课程教师的教学激情；而且有利于增强高校学生在课余时间自学此课程，拓展知识面的动力；同时也有利于激发高校学生利用所学理论、思想和价值观念来指导生活、学习实践和探求真理的兴趣。

（三）有利于促进高校学生人才的培养

高校思政课程最终要引导高校学生形成符合国家意识形态要求的政治信念，树立正确的人生观、价值观、世界观，培养其综合素质能力，成为中国特色社会主义事业的合格建设者和可靠接班人。引导高校学生对思想政治课程的认同，能够增强他们的学习主动性，提高此课程的教学效果，进而完成其教学目标。

高校学生的综合素质能力影响着中国特色社会事业建设。大学阶段的学生由于生活阅历较浅，透过现象看本质的能力较为欠缺，非常容易受到不良思想和错误价值观的误导而步入歧途，所以应采取措施逐步增强高校学生对高校思政课程的认同，以保障其教学目标的实现，对培养高校学生成人、成才具有重要的促进作用。

四、提升高校学生对高校思政课程认同感与获得感的对策

（一）增强高校学生对高校思政课程的自我认知

1. 正确认识与评价高校思政课程的价值与作用

高校学生能否正确认知高校思政课程的价值和作用，不仅是他们学习此课程的内在驱动力，也是他们认同此课程内容的基础。然而目前部分高

校学生因受不良因素的影响,而对此课程的价值和作用存在着认识误区。

一方面,高校学生要自觉弥补自身心智和能力有待提高的缺陷。虽然高校学生心智和能力的不足,主要是由其未成年时期的一些客观因素造成的,而这些是他们无法左右的。但对作为一名已经成年的高校学生来说,要充分发挥主观能动性,通过后期的学习和锻炼来弥补自身心智不成熟、个人能力等方面的不足,为自身正确认识与评价此课程的价值与作用奠定坚实的基础。

另一方面,高校思政课程不仅是一门知识课程,能够帮助高校学生准确把握我国的社会性质和社会对人才的要求、准确定位自身成人、成才的方向,和掌握分析问题、有效解决问题的方法,指导自身生活和学习实践等;而且也是一门指导高校学生价值观形成和能力提升的课程,大学时期的高校学生正处于价值观形成和能力提升的关键时期,此课程可以通过相关理论知识为高校学生提供科学的世界观和方法论、道德法律规范等的指导。因此,高校学生要自觉充分认识到此课程对自身成人、成才和全面发展的重要作用。

2. 自觉增强对高校思政课程内容的认同

高校学生自觉增强对高校思政课程内容的认同,不仅是高校学生发挥自身在学习此课程过程中主体性的体现,也是增强高校学生对此课程进一步认同的重要推动力量。因此,高校学生要自觉地从以下两个方面来努力,以增强对此课程内容的认同。

一方面,注重需求动力机制在增强自身对高校思政课程内容认同中的作用。高校学生要注重对自身需求的运用和掌控,以此来增强自身对高校思政课程内容的认同。第一,充分调动自身的认知需要,利用自身的这种求知欲望,加强对此课程的学习;第二,充分利用自身的情感需要,以增强自身学习此课程的欲望;第三,充分利用自身的行为指导需要,以在满足自身行为指导需要的同时,增强自身学习此课程的驱动力。

另一方面,重视和利用"意志原理"与"灌输理论",在增强自身学习和认同高校思政课程内容中的重要作用。其一,将"意志原理"与"灌输理论"相结合。优秀的意志品格具有较强的主动性和坚韧性等特质。"灌输理论"强调的是高校学生的自我灌输,即通过自身意志努力强迫自己去学习此课程内容。将二者有机结合,其目的是奠定高校学生认同此课程内容的心理基础。其二，充分利用"意志原理"，自觉增强自身对高校思政课程内容的认同。高校学生的个人意志努力是高校学生自身进步的内在动力。因此，高校学生要在拥有一定的认同基础之上，通过个人意志的努力，克服内心的矛盾和疑惑，形成对此课程内容的正确认识。并结合外在动力和社会实践验证，逐渐将对此课程内容的正确认识上升为对其内容的认同。

3. 在自觉实践中增强对高校思政课程的认同

高校学生主动参加社会实践不仅有助于激发自身对此课程的需要，也有利于不断提高自身应用马克思主义理论分析问题和有效解决问题的能力。同时也有助于高校学生体验和验证此课程理论的真理性，进而将此课程的理论、思想、价值观念等由感性认识上升为理性认识。具体来说，高校学生可以从以下两个方面来努力。

一方面，积极主动地参加高校思政课程实践教学。第一，积极配合课堂实践教学。课堂实践教学有模拟教学、课堂讨论、观看纪录片等形式，高校学生积极配合课堂实践教学有利于自身集中课堂注意力，加深对教学内容的理解和吸收。第二，主动参加社会实践教学。亲身体验教材理论的现实作用和检验教材内容的真理性，对教材内容与社会实际相符合的部分，会进一步加深自身对它们的理解和认知；对与社会现实不相符合的部分，在此课程教师的指导下，自己通过调查和分析，找出产生这种社会现实的原因，想明白后，会从根本上消除自身有关这些问题的疑惑。第三，主动参加网络实践教学。网络实践教学的方便快捷、形式新颖等特点，可以极大地激发学生自身的学习兴趣。

另一方面，高校学生自主参与实践。其他个人或团体组织的实践活动具有狭隘性，有时还具有一定的强制性，缺乏个体的针对性；而高校学生自主参与的实践，在遵循基本目标和必要引导的基础上，可以根据自身的兴趣爱好，充分发挥主动性来进行，具有较强的灵活性和针对性，效果也会事半功倍。例如，体育爱好者可以在参加体育项目中磨炼自身坚强的意志和培养自己的团体协作精神；观看"中国梦之队"的颁奖典礼，当五星红旗冉冉升起、嘹亮的义勇军进行曲响彻体育场时，怎能不唤起他们的爱国主义情怀；当他们查看奖牌榜时，在内心会充满荣誉感和自豪感，从而增强的责任心；当他们看到中国代表队对待兴奋剂事件的态度时，他们会明白遵守规则和法律法规的重要性；等等。

（二）思政课内容精细化

"盐"加得适度，"汤"才会有滋有味，要想思政课内容精细化，就要从整合思政课内容方面入手。首先，要有更加科学的教材。教材承担着党中央最新理论和高校学生之间的链接桥梁的作用。可以说，教材对于学生对国家最新理论、路线、政策的领悟，起了很大的作用。其次，还要完成思政课内容的"衔接"工作。这里的"衔接"，包括大学四门思政课之间的衔接。比如在都涉及同一个理论问题时，如何将四门思政课之间衔接好，呈现给学生的既不是简单的重复，也不是完全的割裂，而是系统地整合相关内容，使之相互承接，各有侧重，符合学生"螺旋式上升"的认识规律，将"教材体系"转变为"教学系统"。此外，课程衔接还涉及大学思政课在深度和广度上的衔接、所选用案例上的衔接等。

（三）提高高校思政课程教师的综合素质

1. 树立崇高的职业使命感

树立崇高的职业使命感是做好本职工作的精神支撑，也是充分调动教师教学的积极性和主动性，提升其教学技能、创新能力和科研水平的内在力量源泉。

（1）树立强烈的专业认同感和坚定的专业理想信念

一方面，树立强烈的专业认同感。高校思政课程教师对专业理论和专业价值是否认同，直接影响着高校学生对此课程的认同。因此，此课程教师要想让高校学生信服课程理论，认同教师所讲授的内容，就要自觉树立强烈的专业认同感，做到严以律己、以身作则。

另一方面，树立坚定的专业理想信念。"高校思政课程教师，是否具有坚定的马克思主义理想信念，直接决定着他们是否能够旗帜鲜明地坚持马克思主义、满腔热情地研究马克思主义、理直气壮地讲授马克思主义。"因此，此课程教师要想以坚定的理想信念潜移默化地引导高校学生，要想在教学实践中做到以理服人，用正确的理论纠正高校学生各种错误的思想，其自身首先就应该学好和领会马克思主义和相关课程的基本理论及价值，树立坚定的马克思主义理想信念和夯实自身的专业素养。

（2）提升高校思政课程教师的现实地位

一方面，国家相关部门和高校领导进一步强化高校思政课程在整个教学体系中的特殊作用和重要地位，进而提升其教师在社会、整个教师队伍、家长和高校学生心目中的地位。此课程的被需要、教师的被尊重会极大地激发此课程教师的工作热情，进而自觉提升教学能力和科研水平。另一方面，高校思政课程教师要把作为此课程教师当做一种神圣的职业理想去追求，通过自身的不断努力、坚定的理想信念、超强的人格魅力、深厚的理论水平和过硬的教学能力去感染、激励高校学生，提高他们对此课程的认同。

（3）提高高校思政课程教师的经济待遇

加大对本类课程科研课题的支持力度，和加大在此课程教学实践和科研中表现突出教师的奖励力度，可以调动教师的教学和科研的积极性与热情。另外，要树立较强的竞争理念和"力争上游"的意识，积极主动地参与教学实践和申请科研项目，争取获得较高奖励。

2. 树立以学生为本的教学观

思政教育要坚持以学生为核心，将人本理念贯穿思政教育实践当中。思政教育者在把握和落实这一原则的过程中要跳出单一理论教学，要切实关注学生，以有效地解决他们普遍关注和普遍存在的问题为核心。高校思政教育必须坚持以学生为本，确立学生的主体地位，并为他们提供优质的学习与指导服务。教育和引导学生的同时，还需要给予他们及时的帮助和真诚的关心。这样有助于学生认同思想政治教育，同时还可以让学生对国家的热爱之情油然而生。

3. 具备深厚的理论素养

（1）注重对应聘者理论素养的考查

首先，着重对应聘人员的专业知识是否扎实、专业认同是否强烈和专业理想是否坚定等进行考查。只有专业知识扎实、专业认同强烈和专业理想坚定的教师才能在各种思想、价值观念互相碰撞和相互渗透的社会环境中，做出正确的价值判断、坚定自身的马克思主义信仰，同时也能游刃有余地应对高校学生身心特点不断变化提出的挑战，从而可以引导高校学生按照正常的轨道逐步成人、成才。其次，还要对应聘人员的知识面是否广博进行考查。此课程是一门综合性较强的学科，涉及逻辑学和教育学等多门学科，需要教师具备较为完善的知识结构，才能把此课程的相关知识多角度地讲透、讲明白，进而提升自身的学识魅力，触发高校学生学习此课程的兴奋点，进而提高高校学生对它的认同。最后，要注意对应聘人员的科研和自主学习等能力进行考查。知识的深度和广度是需要不断深化和拓展的，而科研和自主学习等能力是此课程教师不断深化和拓展知识深度和广度的基础，只有这些能力较强的教师才能在日后的教学、科研中不断提升、完善自我。

（2）以科研组织建设为平台，不断提升教师的理论水平

一方面，要加大对高校思政课程科研的支持力度，包括资金支持和项目支持等。另外，完善组织建设，要重视资深教授、副教授对普通教师科研能力的指导和带领作用，保证此课程教师队伍是一支生机勃勃、结构合理的优秀教师队伍。另一方面，高校思政课程教师要提升自身科研能力，积极主动地申请、参与科研项目，虚心向资深教授、副教授学习、请教。

（3）要重视培训和交流

国家要加大对"中青年学术带头人"和"骨干教师"等的培训力度，提升各高校的整体理论水平，以参加相应的培训来开拓他们的理论视野和科研视角，也可以通过组织学术交流会、科研成果和经验分享会等来互相学习，并认真地做好培训总结和交流心得。

4. 坚持一元价值主导和多元价值取向统一原则

我国正在积极推动核心价值体系的构建，但是距离价值认同还存在着极大的差距。要想让广大高校学生可以从普遍意义上认识和接受核心价值体系，并逐步升华到价值认同的层次，就要加强对学生的思想政治教育，坚持循序渐进，让他们从初步认识，转化成为逐步接受和真正领悟，再完成内化和升华。让学生认同核心价值体系的整个过程具备单向性的特征，但是这一过程当中选用的方法应该是多元化的，而且最终要实现的是一元价值为主导和多元价值取向相统一。

5. 提升将教材体系转化为教学体系的能力

（1）掌握精湛的语言表达艺术

教材具有较强的逻辑性并涉及许多的知识点和理论，对于高校学生尤其是认知能力较弱、理论基础知识薄弱的低年级学生来说，直接理解教材中的高深理论、思想结晶等确实是一个很大的挑战。这就需要此课程教师

用经典的案例、释义，加上通俗、幽默的教学语言来给高校学生做出解读，让教材上的各种理论、思想"活"起来。"高校思政课程教师在组织教学语言时可以根据教学内容、高校学生的认知能力和理论水平等，而选择恰当的语言方式，或浅入深出，通俗易懂，或智慧哲思，引人入胜等。"比如在讲哲学问题时，可以选用浅入深出的教学语言，将逻辑性强、抽象的哲学道理通过通俗易懂的语言表达出来，然后再用引人入胜的、富含哲理的语言进行总结概括。这样既可以把抽象难懂的理论讲解清楚，又不会让哲学失去它的哲理魅力。因此，此课程教师应该努力掌握精湛的语言表达艺术，合理地运用教学语言方式，让语言艺术成为激发高校学生学习此课程的兴趣的"敲门砖"。

（2）拥有较强的教材内容整合能力

高校思政课程既具有内容丰富、理论众多、信息量大的特点，也具有不可避免的横向、纵向上的重复性。这就使得此课程教师要想在有限的课时内按质按量地完成教学任务、实现教学目标，就必须在熟知教材体系脉络的基础上，依据教学大纲和教学目标对此课程做好定位，对教材内容定好主线，有所取舍和侧重，把握好重、难点，使教学内容详略得当，结构合理，比如在整合教材内容时，可以依据理论本身的内在逻辑、历史事件的时间顺序等为主线来进行整合，使得教学内容更具逻辑性、脉络更加清晰；也可以让不同课程的教师在一起备课，对课程之间相互重复的内容进行教学分工。这样既可以避免因教学内容重复，而削弱高校学生的学习兴趣，影响教学效果，又可以彰显教师的教材内容整合能力，提高高校学生对教师的能力和教学内容的认同。

（3）具备较强的教材内容重塑能力

教材重塑就是在坚持教材基本理论、观点和思想等的前提下，选择好教学内容的切入点，使教学内容更加富含生活色彩和贴近实际，更加符合高校学生的学习规律和接受能力。重塑教材内容的关键就是如何选择好教学内容的切入点，结合社会现实问题和高校学生感兴趣、关心的话题进行切入和重塑。另一方面，理论联系实际时的话题或案例的选择应该去粗取精、去伪存真、角度新颖、构思巧妙，切合教学内容，符合教学目标，适合高校学生的实际理解能力和判断能力。

（四）赋予思政课以时尚的元素

我们举"烹饪"的例子来说明，假如食材新鲜有营养，厨师做菜的水平也很精湛，但是店面非常破败凌乱，大概也不会引起食客进店品尝的兴趣。思政课亦是如此，有科学的教材、最新的理论、专业的思政教师，还需要将思政课打上"时尚"的标签，跟得上新时代"95后"和"00后"高校学生的步伐，符合他们的身心特点和行为习惯，才能成为他们的"心头好"，使他们真心喜爱，进而终身受益、毕生难忘。

首先，应当引入最新的媒介形态。如今的高校学生不同于过去的高校学生，不再以主流报刊、新闻联播或是门户网站作为主要信息渠道。今天的高校学生几乎一天24小时处于"联机"状态，他们关注微博、公众号，或者抖音等App、直播软件，即使是一些官方的声音，他们大都也是从移动互联网而不是主流报刊的官方渠道获得。因此，如果思政课在并不减弱政治性和思想性的前提下，将这些学生熟悉又喜爱的方式运用到思政课教学或者课后研习中，势必会在形式上赢得学生的喜欢，学生只有接受了思政课的形式，才会深入其内容，进而认同并具有"获得感"。

其次，应当引入学生习惯的话语方式。如今的"00后"年轻人的话语方式，具有互联网语言及娱乐化的特点，并不追求表达方式上的"大而全"，喜欢运用一些碎片化的新词。习近平总书记在十九大报告中也创新地使用了这种话语方式，如"人民幸福的斗争就有了主心骨""中华民族伟大复兴，绝不是轻轻松松、敲锣打鼓就能实现的"等百姓化、通俗化、老少皆宜又有趣的话语方式，使十九大报告一下子就放下了理论的"架子"，深受百姓欢迎。十八大以来，习近平总书记在一些重要讲话中频频用到这样的表达方式，如"不当怕见风雨的泥菩萨"[①]"相对于'远在天边'的'老虎'"[②]，这样的诉讲方式可以被思政课所学习，以打破政治课的"高冷"印象，让学生自然而然地产生获得感，从而对课程产生认同。

---

① 习近平在中央党校（国家行政学院）中青干部培训班开班式上发表重要讲话[EB/OL].（2019-03-01）[2021-07-23]. http:www.gov.cn/xinwen/2019-03/01/content_5369773.htm.

② 习近平.习近平在第十八届中央纪律委员会第六次全体会议上的讲话[N].人民日报,2016

（五）营造良好的高校思政课程家庭、社会认同氛围

家庭、社会作为高校学生生活和实践的重要场所，其成员对此课程的态度影响着高校学生对此课程的认知。良好的家庭、社会认同氛围的构建，可以以"润物细无声"的隐性教育方式引导高校学生对此课程认同。

1. 营造良好的家庭认同氛围

家庭教育对子女具有得天独厚的亲和力和深远持久的影响力，因此，家长要注重家庭教育环境的构建，为子女成长为全面发展的高素质人才提供保障和前提。

①家长对高校思政课程的态度是子女正确定位此课程地位的重要参考因素。因此，家长要改变传统观念中思想政治课程是"副科"、学不学无所谓的错误观念，树立正确的成才观，正确认识和定位此课程在子女德育培养和能力提升中的重要作用。

②刚成年的高校学生正处于世界观、人生观和价值观养成的关键时期，他们对事物和行为的辨析能力还有待提升。加之他们对家长具有先天的亲近感和信任感，非常容易把家长的言行作为他们模仿的对象。因此，家长要严格要求自己，以身作则，给予子女的道德培养做好道德示范。

③家长要与学校、学院和辅导员建立日常性的交流沟通机制，及时掌握和熟知子女的思想状况和行为表现，一旦发现问题，可以通过双方共同的努力，及时帮助子女纠正错误观念和行为，保证子女沿着正规的路径前行和成长。同时，也能通过这种方式让子女进一步感受到家长对此课程的重视，提高他们的学习动力。

2. 营造良好的社会认同氛围

社会风气和社会环境影响着高校学生对高校思政课程的看法。因此，整个国家、社会和各个部门要协同努力，共同来为高校学生养成过硬的思想政治素质和正确的价值观念，提供一个良好的社会认同氛围。具体可以从以下三个方面来着手。

（1）净化社会不良环境。首先，针对目前社会上出现的非法经营和网络乱象等社会问题，党和政府要进一步加强廉政作风建设，完善法律法规和多途径监督机制，打击违反诚信经营、偷税漏税等犯罪行为，加强对网络的监督和管理，以赢得高校学生对党和政府的信任，进而增强他们对此

课程教材内容的认同。其次，针对严峻的就业形势，党和政府要在设法增加就业的同时鼓励有意愿的高校学生进行创业，并给予他们最大限度的政策和资金支持，以缓解就业压力。最后，针对不良思想的侵蚀，党和政府要进一步加强国家意识形态安全防范意识，谨防不良思想的冲击和侵蚀。

（2）用人单位注重对应聘高校学生思想政治素质的考核，将他们在大学期间的思想政治素质表现情况及鉴定评语，作为决定是否录用的重要标准，促使高校学生重视此课程，增加他们学习此课程的外在动力。

（3）"党和政府要加强对报刊、影视和互联网等大众传媒的管理，坚持正确的政治方向，大力弘扬社会主义核心价值观，坚持以正确的舆论引导人，以优秀的作品鼓舞人"，并充分利用大众传媒传播速度快、覆盖面积广的特点，加大对社会主义核心价值观和能体现社会正能量的人和事的宣传力度，以达到以社会主义核心价值观引领社会风尚，以正面人物和先进事迹传递正能量的效果，进而形成良好的社会风气和社会德育环境。

第三章 "互联网+"时代高校思政课程的改革与发展

互联网的发展给教育带来了深刻的影响，思想政治教育也不例外。本章分为三个小节，第一节阐述了"互联网+"时代对高校思想政治教育的影响，第二节探究了基于互联网教学平台的思政课程改革，第三节论述了"互联网+"时代思政课程教育者的应对策略。

第一节 "互联网+"时代对高校思想政治教育的影响

一、"互联网+"对高校思想政治教育的正面影响

（一）教育理念的开放性

任何教育理念都不是凭空产生的，都有一定的现实基础。互联网的发展使得高校学生获取信息的渠道拓宽了、速度提升了，打破了过去传统媒体对信息的垄断，使高校学生能够自主选择信息和知识，而不是被迫接受。传统的教学时空限制与校际隔阂被彻底打破，高校的"围墙"正在逐渐消失。教育过程既要有启动环节也要有跟踪反馈，既要有效果自评也要有效果他评，不能让教育者一个人自弹自唱"独角戏"。

（二）教育主客体的平等性

在传统思政课堂中，思政课教师以单向思维模式掌控着整个教育过

程，按照其既定的教育方式和教育内容，对高校学生进行信息的传递和价值灌输。这种一元教育格局在信息闭塞、教育资料单一的时期收到了较好的效果。"互联网+"时代，信息的生产、传播、获取方式跟之前已经大不相同，迅猛的科学技术和多样的学习媒介使得高校学生突破了时间和空间的限制，实现自主学习。当下，我们思想政治教育者面对的高校学生是"00后"，他们学习力强，善于在网上展示观点、交流思想、表达诉求。

面对互联网上即时生产的层出不穷的信息，高校学生和教育者都是平等的接收者，甚至部分具有超前学习意识的学生，其通过互联网所得到的知识储备比教育者还要多。互联网打破了教育者在资源来源方面的权威性和地位的中心性，缩小了教育者和受教育者的知识差距，为二者平等的交流提供了可能。地位的平等让教育者获得了更多尊重，也让受教育者更好地吐露心声，使其内心的诉求及时得到关切和回应。

互联网的发展使得学生有困难可以和老师线上沟通交流，创造了师生平等的空间，学生获得了充分的话语权。也促进了师生教育观念的双向互动交流，使二者随时随地进行交流互动、信息共享和情感宣泄。

（三）教育内容的多元性

当今时代，互联网当之无愧地成为全世界信息传播最大最快的平台，网络信息资源多元多变、形式多样、快速无界，使思想政治教育的内容从封闭逐渐走向开放。这满足了高校学生的知识延展、个性张扬、兴趣培养。但是随着信息数量的剧增，流速的加快，不可避免地出现了信息泛滥、良莠不齐的现象，对高校思想政治教育提出了更大挑战。

"互联网+"使思想政治课教学不再囿于固化的课本知识，突破了传统教学内容的有限性和被动性，高校学生可以在获取最新的信息资源后，对突发热点新闻事件等进行实时的讨论，不再受到课堂固定设置的内容的局限。这极大提高了高校学生的学习热情和主动性。

学校使用大数据云技术平台，将纷繁复杂的教学资源、教学教务、教研课改、校园安全等校内日常应用转变为智能化、个性化、多终端兼容性应用，使用户获得更好的体验，云平台给广大学子提供了一个包容性的学习平台。数字化的线上学习平台、微课等网络课程阵地，使教学延伸至课堂之外，实现师生线上线下随时互动，使思想政治教育课堂活跃起来。

开放的教育资源也对思想政治教育带来了更大挑战，因其打破了原有的知识垄断格局，就导致了传统思想政治教育的可控性降低，数不胜数的教育资源让高校思想政治教育得以充分延展的同时，也打破了固有的文化欣赏习惯。在这种复杂的文化碰撞中，教育者需要坚持灌输原则，牢牢掌握意识形态在网络空间的主导权和话语权。

（四）教育方式的丰富性

传统思想政治课教学围绕课堂展开，虽然传统课堂具备了成熟的教育理论和教育方法，但是其传播渠道单一，传播范围极其有限，学生学习兴趣不高等弊端也逐渐显现。而这样的被动接受的大班授课学生并不喜欢，导致因材施教成了一句空话。

正当教育者捉襟见肘时，"互联网+"教育的崛起改变了这种机械式的灌输方式。教师可以通过慕课、微课、教育App、云课堂教学等多样化的方式，深度整合教育资源。而网络中的教学数据可以帮助思政课教师更好地了解高校学生的学习态度、认真程度、理论学习情况，从而因材施教。

（五）教育反馈的及时性

四通八达的网络在教育者和高校学生之间架起了互动的"桥梁"，教育者利用大数据、云计算、人工智能等技术手段，通过网上数据分析，可以快捷正确地把握学生的最新思想动态、心理困惑和行为特点，从而及时与学生交流信息、沟通思想，解答其心理困惑，改变其不良行为，建立和谐亲密的师生关系。此外，微博、微信、QQ等软件为加强师生的了解提供了便利，拉近了师生的距离，有助于教育者实时跟踪学生思想变化、情感痛点、行为表现，有助于快速全面地观察学生、了解学生，增强高校思想政治教育的前瞻性。

二、"互联网+"对高校思想政治教育的负面影响

（一）由海量化信息所产生的副作用

海量化信息具备自身特殊性，受众在面对时易感到迷乱，难以辨清信

息的真伪。而高校学生在面对这些海量信息时，缺乏主动思考且易遭受诱惑，从而对高校学生正确价值观念与品质理念的创建有着直接影响，这无疑背离了高校思政教育教授的价值观，影响了教学成效，弱化了思政教育效果。

（二）思政课教学主客体难以快速适应教育模式

以灌输为主的传统教育模式依旧是当前教育的主流，老师讲授、学生接受的学习方式使得学生的主体性被限制，学生的自主学习能力逐渐丧失。随着互联网的发展，学生有更多选择权，学生的主体性、自主性被更好地凸显出来，学生作为思想政治理论课教育主体，要求以自我引导、自我总结、自我安排的新模式，来完成自身思想的提升。

在这种情况下，思政课"教师"的角色得以转变，教师要根据学生的需求科学分配教学任务，循序渐进引导学生开展学习。这种由"授"到"学"的主体权利关系的转变，以及教育观念和教育方式的差异，大大冲击了传统高校以教为主的教育观念，也加大了学生学习的压力，因此绝大部分高校师生在短时间内难以适应。

（三）高校思想政治教育的主导教育的思想性受到一定损害

高校的思想政治教育的主导教育的思想性受到损害也是"互联网+"所带来的负面影响，在教学中主要表现在：一方面，部分高校的思想政治教师仍坚持传统的教学理念而不接受新媒体，导致他们思想政治教学的内容和方式难以被高校学生所接受；另一方面，部分高校的思想政治教师尽管对新媒体的运用仍不适应，但其在教学中却为了迎合学生的需求动摇了自身的信念。这两类教学方式在很大程度上阻碍了新媒体在思想政治教育中的应用，也使得思想教师自身忽视了教育中思想引导的重要作用。

（四）社会道德标准游戏化

"互联网+"背景下高校学生的思想意识中一些事物均可被游戏化，而这同时也包括社会道德标准。例如，当前有部分高校学生在遇到别人需要帮助的情况时，只要事件与自己没有任何关系便不会选择去帮助别人，甚至还有部分高校学生会在一些新媒体公众平台上大放厥词表示道德素质无足轻重，而中华民族传承已久的良好品质也逐渐成了个别学生调侃的对象。由此可见，在"互联网+"背景下，社会道德明显出现了被游戏化的现象，高校学生道德素质的培养已然成为现今至关重要的话题。

三、高校思想政治教育与现代信息技术的融合

（一）高校思想政治教育利用信息技术取得的成绩

网络信息技术的飞速发展促使新媒体在我国高校中得到广泛应用，校园网站、微博、微信公众平台等具有互动性的新媒体也被广泛应用在学校的教育及管理事务中。

基于新媒体的应用，高校思政理论课教师不仅增加了高校思政教育的熏陶力，发挥了高校思政教育的魅力，受到了广大师生的热爱与欢迎，而且拓展了高校思政教育工作的影响力，加深了学生的理解，提升了高校思政教育工作的积极性。

此外，互联网的发展打破了传统思政理论课教学时间与空间的束缚。新媒体的发展与应用则较好地、有效地解决了时间、设备、空间与师资等问题，打破了教学时间的束缚，扩展了思政理论课教学空间，从而提升了高校思政理论课教学质量与实效以及高校学生学习思政理论课的积极性。

（二）与现代信息技术的融合过程中存在的问题

1. 与现代信息技术的融合尚处在探索阶段

（1）缺乏宏观格局

思想政治的话题开始被越来越多的人关注，全民热度越来越高。但是，如何将思想政治教育的内容和发展状态与这些新平台融为一体是一个重要过程。这样的融合不仅需要主体和客体之间的互相准备，还需要遵循和符合宏观条件。

（2）部分技术尚不成熟

在融合当中，虽然已经取得了很多阶段性的成果，但是整体来说信息技术并没有完全融入思想政治教育。近年来，现代信息技术在教育应用中较为广泛、发展迅猛，产生了如教学设计技术、教育决策技术、教学工具

开发技术、教学资源利用技术、教学活动管理技术、教学成果评价技术等,由于这些技术刚刚起步,与思想政治教育的衔接程度还不是很高,目前还不能简单方便的满足思想政治教育工作需要。

(3)与思想政治教育内容的融合度不高

部分高校对教育信息化建设重视程度不够,现代信息技术创新水平不高,现代信息技术还不能普遍适用于思想政治教育教学中,存在现代技术盲目适用或者滥用的情况,无法与思想政治教育内容相契合,不能有效激发高校学生学习思想政治教育课程内容的兴趣和积极性,课堂教学效果不尽人意。

2. 海量信息对主流信息的遮蔽

(1)受教育者面临海量信息的选择

近些年来,现代化信息传播技术快速发展,对传统的广播、电视、新闻媒体造成了一定冲击,它以互动性、即时性、个性化、成本费用低、权利平等性及多元性等传播优势,承载着各种参差不齐的思想文化,使受教育者无时无刻不面临着不同的挑战。受教育者面对现代技术平台充斥着的海量信息,不加鉴别和选择,极易被不良文化所诱导而迷失价值方向,进一步阻碍受教育者思想政治素质的提升和思想行为正确引导。

(2)"泛娱乐化"思潮的影响

随着现代信息技术的传播速度加剧,以享乐主义、利己主义等为代表的"泛娱乐化"思潮甚嚣尘上。学校的教学活动难以独善其身的姿态傲然屹立于"泛娱乐化"浪潮之外,亦无可避免地被卷入其中位。这种文化在本质上与思想政治教育目标相去甚远,与思想政治教育内容背道而驰,使高校学生丧失了对真善美的判别,扭曲了其价值取向。

3. 现代教育技术对传统教学优势的冲击

现代教育技术是一把双刃剑,给教学带来了许多有利之处的同时,也冲击了传统教学的所固有的一些优势,并产生了以下几个方面问题。

(1)现代教育技术摒弃了人文关怀

首先,现代教育技术疏远了人际关系。长期以来,我国部分高校思想政治教育工作者只重视现代教育技术的应用,忽视了传统教学方法的人文教育,疏远了师生间的距离。

其次,现代教育技术弱化了人的潜能。科学技术的迅速发展带动了现代教学硬件的创新发展,教师只重视现代教学硬件使用,忽视了主观能动性的发挥,长期以来教师的思维能力得不到发展。

最后,现代教育技术干扰了学生的学习兴趣。"教"与"学"两者是相互联系不可分割的一个整体,但现代教育技术的只重视教师的"教"出发,而没有充分考虑到学生的"学",只是方便了教师的教学工作,但是忽视了学生的学习兴趣。

(2) 现代教育技术传授忽略了精神传承

部分教师过分依赖现代教育技术,忽略了学科特点和专业性,只是依赖于现代教育技术所固有方式方法,忽视了学科的特殊性和学生的差异性,从而局限了学生思维方式和创新精神的发展

(3) 现代教育技术迭代发展扩大了数字鸿沟

现代教育技术的迭代发展促进了教育观念的转变,教学模式的转换、教学过程的创新、教学手段和方法的变革、信息技术与学科课程有效整合。现代教育技术在教育中的优势凸显,拓展了学生的眼界,提供了理想的教学环境。但是城乡网络基础设施建设和教育技术使用的差异,信息富有者和信息贫困者之间的差距,扩大了教育数字鸿沟。

(三) 推动思想政治教育与现代信息技术的融合的必然性

思想政治教育与信息技术融合势在必行,这既是社会发展的需要也是高校学生的需求。高校要全力推动思想政治教育与时代中的信息技术相融合,以多种手段和多种教育模式来吸引高校学生的学习兴趣,使其更容易接受思想政治教育。要尽可能地利用不同的信息技术和工具以及信息平台来为高校学生呈现不同的教学方式,努力做到与时俱进,以达到更好的教学效果。思想政治教育工作者要借助信息技术来展现教育内容,让教育内容更加具有活力,更容易为人所接受。信息技术时代,网络空间作为时下新兴的竞争热点,成为各种意识形态较量的新阵地。为了能够让高校学生树立正确的政治观和世界观,我国的思想政治教育应不断与信息技术融合在一起,占据言论主流,让学生免受不良言论的蛊惑。

四、互联网+时代高校思想政治理论课的机遇与挑战

(一) 高校思想政治理论课的机遇

互联网的发展为新时代思想政治理论课的发展提供了巨大的发展空间。大数据可能引发的新一轮教育技术革命，有助于优化思想政治理论课结构体系，全面提升思想政治理论课的发展水平。

1. 国家意识形态建设的发展要求为思政课提供良好环境

加强国家意识形态领域建设一刻也不能放松，面对互联网技术的冲击，高校自然要与时俱进，以新手段、新方式、新要求、新目标助力国家意识形态建设，加强国家意识形态安全与稳定，抢占意识形态话语权，借助大数据网络信息技术增强国家主流意识形态的吸引力和影响力，通过意识形态教育促进思想政治理论课观念革新，坚定学生的理想信念。

网络思想政治教育成为思想政治理论课的重要组成部分，国家对思想政治理论课在"互联网+"时代的发展也越来越重视，关注新时期高校学生思想行为新特点、新变化，促进意识形态领域优化发展，用信息化手段实现教育公平及资源共享，都很好地印证了互联网与思想政治理论课的完美结合是顺应时代发展潮流的新举动。

2. 互联网技术的发展为思政课提供机遇

互联网的发展使思想政治理论课教学模式、教育理念、教育内容与方法发生了很大的转变，同时也拉近了教育与学生、教师的距离。云计算、自媒体的发展推动了大数据网络的升级，真正实现了足不出户"网罗天下事"，看视频、查资料、网络学习成为现在大多数人的上网目的。首先数据资料能够打破空间限制。在大数据环境之下，思想政治课程教师不能将教学活动单一限制在理论知识的教授方面，要注重利用丰富多彩的大数据技术完成数据的分享，将科技带给教育教学活动的改变和便利应用到思想政治教学实践当中，实现个性化与创新化的教学。其次，数据资料能够突破地理限制。在全球化的时代背景下，数据是重要的基础。思想政治课程教师要注重将个人专业领域当中系统性和多元化的知识，利用搜索引擎进

行提炼和总结，并学习借鉴国外的大量先进内容和方法，取其精华，弃其糟粕，增强教育者的全方位素质，在实现自我价值的同时，为高校思想政治课程教学创造良好条件。最后数据资料能够突破时间限制。在大数据时代到来之前，教师想获得相关的知识和资料就需要去图书馆，或者是专门向有相关经验的前辈讨教。而在大数据时代，海量网络信息可以轻松获得，教师只需动动手指，足不出户，就可以获得丰富的知识。

此外，云计算在教育教学中的运用，降低了平台运营的成本，扩大了教育教学的规模，尤其是云计算思想政治理论课课程的共享发展，极大地促进了大数据思想政治理论课的成熟发展与应用。互联网+时代的思想政治教育不但是教育技术的革新，更是一种突破传统的全新的教育模式，推动高等教育的变革与创新。

（二）高校思想政治理论课的挑战

1. 将引发高校思政课主客体关系重塑

网络的产生和快速发展让教师权威受到了极大的挑战。传统课堂中，教师占据中心，拥有知识、能力等方面的绝对优势，课堂上传授的知识也是经过教师严格筛选，并根据教学大纲精心设置，以灌输的方式传导给学生。而学生只是被动接收信息，网络的出现以及在教育领域的广泛应用矫正了传统教育观念，现代信息技术在实际应用中能够突破时空限制，使学生的创新思维得到有效发展。高校学生能够根据自己的需求，借助多元化的网络载体收获丰富的文化知识以及其他能够满足自身需要的信息，教师不再是知识的主要来源，知识的权威性受到挑战。这使得很多情况下师生在理念方面存在极大的矛盾与冲突。网络资源具有公共性和共享性的特征，不管是谁都能够在网络平台上进行沟通与互动。高校思想政治理论课教师必须树立平等交互的理念，注重发挥网络平台的优势，坚持与时俱进和不断创新。

2. 高校思政课教学资源缺乏长效整合机制

构建教学资源效整合机制是"互联网+"时代创新思想政治理论课的一项重要任务，强大的技术支持、高效的运营管理离不开各高校之间、校企之间的协作。然而，在当前的发展中，从技术到制度依旧缺乏长效的资源整合机制。

一方面，在资源认知上，还需加强对资源数据库建设重要性的认识，大数据网络被用于信息管理系统的各个方面，不仅能够提高工作效率，数据库的功能也得到最大限度的利用。目前学校领导等行政管理部门缺乏对大数据教育资源的深刻理解，不利于思想政治理论课的发展。

另一方面，在制度保障上，需要建立统一领导的组织协调制度、规划管理制度。互联网使得信息资源日益丰富，但很多信息未经过严格的筛选，质量参差不齐，缺乏信息质量控制与管理，因此要加强制度保障，注重质量，使信息资源与大数据网络安全建设相互协调、共同发展。

3. 多元化思潮的影响增加了思政课教学的难度

"互联网+"时代，各种思潮的传播呈现日常化、隐蔽化的特征，无形之中增大了意识形态的风险，各方面信息传播速度比以往任何时候都快，不同思想理论观点的交锋越来越频繁，其中包含着一些不当的观念，对于心智尚未成熟的高校学生来说，无疑增加了选择正确信息的难度，无形中影响了他们价值观及政治立场的选择偏好，部分高校学生甚至对高校思想政治理论课产生了怀疑。

4. 高校思政课技术应用面临伦理问题

首先，技术带来的便捷性优势与面临的隐私风险难以平衡。思想政治理论课技术应用缺少审视，媒体技术大行其道，对于技术可靠性及网络安全与维护等修缮措施欠缺，网络安全问题会对思想政治理论课教学造成一定的影响，例如，各类手机应用软件在课程教学使用中可能造成隐私泄露、重要教育信息资源丢失等问题。其次，网络硬件问题存在的隐患影响思想政治理论课的正常教学，在日常教学中，网络瘫痪、故障等现象难免发生，维修人员并不能每次都及时有效地解决，这就会导致教学课程的中断，不利于教师上课、学生学习的连贯性。在面对互联网的技术问题时，要学会将这些因素进行科学的处理，减少这类因素对高校思想政治理论课的影响。

第二节 基于互联网教学平台的思政课改革

一、基于 SPOC 翻转课堂教学模式

（一）SPOC 概述

1. SPOC 概念

小规模限制性在线课程（Small Private Online Course，SPOC），其中英文的"Small"指的是控制学生规模范围在几十人到几人；"Private"指的是对学生的准入条件设置限制，只有符合准入标准的学生才能够加入学习相关课程中。SPOC 模式的特点在于，它的目的是将整体的课堂内容进行分解学习。

2. SPOC 优点

①SPOC 比起单纯的慕课有更有效、灵活的学习效果，通过缩小学生规模、为学生定制课程。利用慕课中大量的教学资源和数据，提供更专业、更强大的教学支持。

②强化学生课程体验，提升学习效果。SPOC 更加注重学生的学习过程体验。SPOC 将一些环节的教学内容分解开来，转移到线下让学生进行自主学习，在线下，教师以与学生进行互动为主，烘托课堂氛围；SPOC 的优点还在于始终以学生为主，各个教学环节都充分从学生的需求上出发，更凸显了以人为本的思想。SPOC 为个性化学习的教学目标起到了推进作用，也为个性化学习的教学模式提供了具体环节的模式设定。课下自主学习、小组分工协作等形式都是个性化学习的体现。

③增强教师课程掌控，激发教学活力。SPOC 重新塑造了教师在整个课程建设中的作用，更大程度地发挥了教师的智慧与资源优势。教师为了更好地设计、经营课程，通过学习、阅览平台资源，不断整合课程资料，汲取营养、活跃思维、深入思考，从而获得更大的教学启发。

(二) 翻转课堂优势

翻转课堂教学模式规避了传统课堂教学的"独角戏"的弊端,也规避了慕课教学单纯依靠网络的弊端,是"互联网+教育"背景下催生的一种十分有效的混合式的课程管理方式。

翻转课堂具有其鲜明的优点。高校学生普遍认为专业课更为重要,没有意识到思想政治教育的重要性。翻转课堂赋予了高校学生更多的学习自主性和灵活性,充分调动了高校学生学习的积极性、主动性、参与性,既保留了传统课堂对学生的集中管理与教导,又体现了教育的民主化、信息化、时代化。在翻转课堂教学模式下,教学程序的改变、技术载体的增设真正落实了"以学生为中心"的教学理念,同时大大拓展了高校学生的学习空间。

(三) 高校思政课翻转课堂的建设

1. 确立师生双主体地位

①基于建构主义理论和人本主义理论的翻转课堂教学模式,充分尊重了学生这一课堂活动的主体,在充分尊重学生认知能力和学习结构特点的基础上,科学地设置了思政教学内容和教学课程。由于学生的独立意识强且热情主动,并且高校思政课堂以学生为主体,其课程设计可以以学生主动完成学习为主。

②教师传统的教学授课形式虽使思政课略显枯燥,但不可否认,高校思政课仍是一门传授理论知识,传递价值理论,塑造学生世界观、人生观和价值观的课程。要想使大学生形成正确的"三观",必然离不开思政教师的正确引导。

③宏观地进行分析,利用翻转课堂模式开展教学需要教师和学生形成合力。构建师生双主体,既能使思政课摆脱枯燥与理论性强的固有思维,又充分发挥了学生的主体性。同时教师仍能传道授业,从而真正实现思政教学和翻转课堂模式的有机融合,进而达到高校开展思政教学的最终目的。

2. 教师统一管理思政课堂

利用翻转式的教学模式开展思政教学对教师提出了更高的要求。教师必须有效负责整个教学的准备工作，比如根据学生学习特点筛选教学内容、制订教学方案、使用合理的教学手段等，同时还需在平台及时查看、批改学生的自学成果，这对教师课前组织和管理的能力是一大考验。与此同时，利用翻转课堂教学模式的最大特点就是让学生学在课前，在该模式的课堂教学环节教师主要为学生解答疑难问题、展开课堂讨论，并引导学生掌握相关理论，提升相关能力。

3. 注重课前、课中和课后环节的结合

翻转课堂教学模式的最大亮点就是将学生的课前预习、课中表现和课后复习等三个环节进行广泛结合，以此实现思政教学的全方位育人、全过程育人特点。首先，在翻转课堂教学的课前预习环节，教师将本节课堂教学需要掌握的知识点和教学重难点制作成小视频，让学生提前进行自主观看和学习，鼓励学生选择自己感兴趣的视频进行自学；教师要求学生将自学成果整合成自己的知识体系，并上传到平台或以书面形式在课堂上呈现。其次，在翻转课堂教学的课堂教学环节，要求学生自主探究。翻转课堂主张针对不同学生的特点开展差异化教学，学生通过成果展示、学生讨论、案例分析、视频学习、归纳总结等环节进行互动学习；通过展示自学成果、讨论课堂主题、归纳习得知识建构自己的知识体系；教师对学生学习过程及成果进行引导，并对知识点进行梳理和呈现，使课堂效果实现质的提升。最后，在翻转课堂教学的课后复习环节，要求学生巩固提升。思政教师应注重学生课堂学习的巩固提升，一方面要求学生按时完成平台的测评任务，查验自身理论学习的效果；另一方面主张学生走出课堂，即走向社会，通过拍摄微电影、参观实践教育基地等实践教学形式，在实践中将理论落地，在实践中升华理论，再走向网络，通过微信公众平台、网页、手机 App 等进行延伸阅读，丰富自己的知识体系。

4. 突出知识重难点

首先，在引入课堂时，教师应强调视频学习只是一种方式，其内容不是课程学习的主要内容，要让学生从课前的分享与讨论中抽身，进入真正内容的学习。其次，在课堂环节，教师应着重针对教学的重难点进行教学设计，成果展示、课堂讲授、课堂讨论等都要围绕教学的重难点展开。最后，在课后反馈阶段，教师可基于学生的实践表现进行主观性考评。在利用翻转课堂进行思政教学的过程中，教师能否对整个教学课堂进行合理引

导、学生是否能最大程度地吸收课堂教学知识点，成为衡量此教学模式是否有成效的关键因素。

5. 线上与线下相结合

教育领域构建线上线下双渠道，即实现现实教学与网络教学的结合。高校思政课开展翻转课堂教学模式，其前提正是信息技术手段的广泛应用，因此构建线上线下双渠道是必然选择。在利用翻转课堂进行思政教学的过程中，思想政治教师应明确"颠覆课堂""翻转课堂"和"对分课堂"三者的异同点，进而将现代化的教学设备和教学方法充分利用起来，从而带动学生思政学习的积极性和学习主动性。第一，教师应分专题研究翻转课堂教学模式的适用内容，并提前组织集体备课，分工完成课前自学微课内容的录制；第二，思政教师应充分尊重学生的身心发展特点和认知能力特点，为学生制订个性化的学习方案；第三，教师要帮助学生筛选适合的网络视频和文字材料；第四，教师要合理分配微课内容、自主探究内容、讨论内容和课后实践内容，不同环节学习内容的设置都要给学生留白，启发学生思考。综上所述，教师在进行翻转式的思政教学过程中，应统筹兼顾地运用教学方法、教学内容、教学模式。

6. 灵活设置思政课程

具体来讲，高校的思想政治课程包含近现代史、毛泽东思想、马克思主义哲学、法律、思想政治、形势政策等多种内容。不同课程对知识目标、情感目标和能力目标的要求也不同，在课程内容的理论性上也有所区别。因此，利用翻转课堂教学模式开展思政教育必须根据此课程设置的具体情况而定。对于理论性强的课程，教师在课前自学阶段可提倡学生多学习知名大学的视频课，为课堂讨论阶段奠定理论基础；对于思想与情怀要求较高的课程，比如"中国近现代史纲要""思想道德修养与法律基础"等，教师可推荐学生多看相关视频、多搜集相关案例，既为课堂学习提供案例依据，也为学生价值观的培养与塑造打下基础；对于时事要求较高的课程，比如"形势与政策"课，教师可推荐学生多看新闻、多浏览"学习强国"学习平台、多查阅网页和微信公众平台的推送，了解当今的时事热点，为课堂学习提供现实指引。

二、"互联网+"背景下思政慕课的建设

(一) 慕课概述

慕课 massive open online courses（MOOC）即大规模在线开放课程，是当前流行于国内外的一种新兴的在线学习模式。它以学习者为中心，改变了传统网络教学内容单一、形式固定的缺陷，倡导自主学习、碎片化学习、个性化学习。慕课的发展有助于优质教育资源的共享，有助于终身教育体制的构建，有助于知识的迅速传播。2012年慕课蓬勃兴起，中国教育领域自然积极加入其中，相比国外慕课，中国高校有自己的慕课发展史。

早在2001年，中国便开始推广"网络公开课"建设，史称"中国大学网络公开课"建设计划。2003年，教育部在提出"网络公开课"的基础上，开展实施了网络"精品课程"建设工程，随后"网络公开课"在全国各高校兴盛发展。"爱课程"网站先后上线各类课程百余门，很多高校教务处网站也开设了"精品课程"的线上专栏。

2011年，北京大学、清华大学、复旦大学等10余所国内名校首批推出20门精品课程，涵盖信息工程学、建筑学、心理学、文学和历史学等不同学科，上线短短一周时间，课程点击量便达10万余次，颇受学习者的推崇。

截止到2014年12月2日，"中国大学MOOC"选课人次突破10万大关，最高单门单次选课人数就近8万，"中国大学MOOC"如今已经成为国内最大的中文MOOC平台。

(二) 思政慕课与传统线下思政课的不同

1. 时间和空间的差异

传统思政课要求到教室来完成课程的学习，学生和老师采取见面的方式进行思政课教学。思政慕课采取碎片化的学习方式，一台电脑或者一部手机就可以进行课程学习，没有传统上课的那种固定形式，地点可以在宿舍里、家里、公交地铁上或者咖啡厅里。

2. 教学中心的不同

传统思政课堂基于思政课的公共课特性和课程本身的政治理论的严肃性，通常是以教师为中心，以教师讲授为主，即使不乏一些讨论或者小组活动环节，最终落脚点还是理论的阐述。不仅如此，由于课程本身的严肃性，学生来上思政课也往往表现得很严肃，也许是因为大班教学人比较多或者出于对理论的敬畏，学生参与课堂讨论远不及专业课那么积极。慕课依靠技术手段隐去了面对面的"尴尬"，采取了边看慕课边在旁边讨论框或者弹幕参与讨论的方式，可以使学生在上课的过程中有任何想法都可以畅所欲言，这在一定程度上实现了以学生为中心。

3. 教学主体的不同

传统的思政课有着明确的大纲和教案，教师以其理论储备为学生灌输传播理论知识。在教学中，教师以传授为使命，顺带有效地解决学生一些问题。如果学生并不提问，教师也就不知道学生对理论掌握得如何。慕课由于其课程特点，所以在教师在线边讲或者边讨论的同时，学生的问题或者疑点就可以及时反馈给教师，教师可以边看各种反馈边安排整个教学过程。有的问题学生特别感兴趣，或者对一些结合当下特别紧密的问题学生希望多听，教师就可以安排后面的教学进度多讲；有的问题学生可能手里有更好的佐证资料也可以在慕课系统上共享，真正做到以学生为主体，提供学生需要的内容。这种主体的转换也改善了思政教学师生的人际互动。

4. 培养目标的区别

传统的思政课认为，课堂除了传播理论知识、帮助学生树立理想信念和正确的"三观"等以外，还要帮助学生提升"人格魅力"，这种提升是和老师的身教和传导、感化分不开的。思政慕课在理论传授、立德树人等"言传"方面的教育上是丝毫不落后的，但是缺乏一种"身教"的平台。"身教"是需要面对面接触形成的，并不是隔空的电脑、手机或者技术手段能进行的。

5. 教师评价体系的不同

传统思政课的教师评价体系是单独适用一套标准，既不同于专业课，也不同于外语、体育等其他公共课。思政慕课必然要采取与之不同的教师评价标准，除了评价指标中的一位或多位老师的教学态度、教学内容、教学效果或者印象之外,还要评价慕课的制作效果、互动及交互效果、界面是否友好等。

6. 有无载体的不同

传统思政课除了某时某刻在某个教室现场讲授以外,并无载体将其记录下来日后重听或者复习。因此,传统思政课如果遇到学生请假缺勤,或者期末时学生对一学期中的某一点、某个问题不明白想重新听一遍老师的讲解,就只能找教这门课的老师重复讲解,或者课上用录音笔等录音、录像设备录下来,但这种方式毕竟不方便。思政慕课利用技术将每一节思政课录制下来,通过网络可以回放收看、收听,这就极大地方便了学生请假后想补课或者课后复习。老师也可以通过回放自己的授课,发现自己讲课中的不足并完善,不断提升思政课教学水平。

(三)慕课与传统网络公开课的不同

慕课是不同于传统网络公开课的,虽然这两者有一些相似之处。慕课是一个完整的教学过程、一种与媒体和"互联网+"融合的教学方式,但是传统课堂的环节慕课丝毫不会缺少。学生在线进行课程学习的同时,正常的教学环节一个都不会少。慕课建立起了一套系统完备的学习过程管理、质量监控、成绩评价体系,作业通常采取主观题教师在线评、客观题机评的模式,成绩由课堂参与在线听课及互动、课后作业和期中、期末机考测试等组成。而网络公开课仅仅是录下来上课的一部分实况,以便更多的人在其他时间观看录播,而录播并非直播,往往也不具备课堂交流等交互环节和课后作业环节。

(四)慕课的功能

1. 弥补了传统思政课课堂教学的不足

传统的思政课教学采取的是大班教学授课的形式,教学通常在大的阶梯教室中进行,教师要借助扬声器才能将声音传到每个学生耳朵里面。而往往坐在后排或者边上的学生要看到大屏幕上的课件或者教师的板书则比较费劲,如果大教室侧面没有屏幕,单靠看教室前方黑板旁边的大屏幕往往看不清楚。这种靠扩音才能听清老师讲课,难以看清黑板和大屏幕的上课方式,从手段上就让师生之间产生了距离感,导致教师站在讲台上看不清楚每个学生的面孔和表情，学生则觉得老师不仅遥远且高高在上。大部分高校无法实现小班授课的方式，因为思政课是全校同一年级所有学生都要上的课。因此，传统思政课教学虽然明知大班授课效果不如小班教学，但是也不得不采取大班的形式。

慕课则可以很好地解决这一教学形式的问题。一个老师同时管理几十个学生的教学效果远比同时管理一两百甚至更多学生的效果好。如果采取小班面授与慕课相结合的方式，让一部分学生接受思政课教师在小教室面对面教学，这样就既可以关注到每个学生的课堂反应，也可以正常进行交流、提问等环节，而且在开展一些思政课教学环节中的角色扮演、问题研讨、翻转课堂等活动时，也可以得心应手地进行。

与此同时，另一部分同学在机房或者宿舍电脑前甚至是手机前，采取慕课远程同步在线直播的形式，每个学生可以清楚地看到老师讲课的动作和表情，同时，可以采取创新的师生互动交流的方式，比如学生提问可以采取"弹幕"等视频网站流行的、年轻人喜闻乐见的方式，教师或者同时听课的学生可以对"弹幕"提问进行实时解答，还可以设置一些参与度排名榜等。总之，传统思政课课堂教学的这些不足都可以借助"媒体+慕课"的形式加以改善。慕课可以轻而易举地完成讲解、互动、交流、反馈、答疑等环节。

2. 实现了思政课过程的考核

慕课可以将学生这门课程中学习的每个环节都"留痕"，比如登录、出勤都会有所记载，并会记录学生进行了哪些互动环节，一个学期提交了几次作业和测验。这样考核平时成绩的方式比课堂点名抽查更为科学，而慕课的过程痕迹化管理不仅使教师了解了学生有没有在线出勤，而且了解到其整个学习情况。课后作业和测试在慕课系统提交既便捷，又便于系统自动批阅成绩并记入平时成绩，真正实现客观公正的过程考核。而且批阅后的作业可以很迅速地反馈给学生，不像传统思政课那样期末交了作业师生基本就不再见面。思政课理论传授和育人才是最终目的，在这个过程中作业的订正其实是至关重要的。这种过程考核的方式会使学生更加注重学习思政课的整个过程而不仅仅是期末考试这个最终结果。

3. 打破资源壁垒，在一定程度上实现思政教育公平

一个学生要想接受一节"985"或"211"名校的传统思政课学习，不

是一件容易的事。但是,一个学生如果想听一节"985"或"211"名校的思政慕课就非常容易了,只需要支付较低廉的学习成本甚至零成本就可以实现。这极大地打破了教育资源的壁垒。

(五) 思政课应用慕课的要求

1. 对学生配合程度的考验

思政课以慕课作为教学模式,其在线上和线下教学的过程中,学生的参与配合程度,直接决定了思政课的教学效果。很多学生本身对学习思政课并没有真正的兴趣,只是迫于考试和学分的要求,他们习惯于中学政治那种老师盯着学、看着背、反复督促的学习模式。

在慕课教学中,需要学生有较强的自主学习能力,至少具备能够按时登录并观看完课程的自觉性,并且完成课后作业、讨论等环节。这对于相当一部分普通高校学生来说,并不是一件容易的事情。他们一开始可能出于好奇可以按时完成课程,但是坚持一学期自主观看、自主完成作业,就需要一定的定力或者辅助手段。

其次是学生能否积极参与课堂讨论;学生是否对讨论教学模式感兴趣,对国家热点、焦点感兴趣;学生是否能够自发自动地融入讨论中来。再者,学生的性格特点具有差异性,如何针对学生的性格特点展开教学,从而有效提升学习效果。这都是要思考的问题。

2. 对教师综合能力的考验

思政课教师在备好本职课程的同时,还要掌握好媒体慕课的必要技术。教师不仅仅要能讲好思政课,还要掌握在线回复学生问题、回应学生讨论、随时发布测验、发布课件,以及有关视频、在线布置小组作业并进行跟进指导等手段。这不仅要求教师在镜头前能自如地讲课、熟练使用慕课软件,还要求教师熟悉一些配套辅助软件的使用,如抖音、视频、剪辑软件等。这种媒介素养的新要求,对于一些"80后""90后"中青年教师来说,并不太难,但是对于一些不善于使用融媒体的老教师来说,的确是一个不小的挑战。

3. 对大学教学条件的考验

要确保慕课在思政课中科学、有效地发挥作用,以取得预期的教学效果，大学对思政课网络教学的支持是重要的前提和基础。大学怎样才能满足技术化较强的教学要求，提供有力的经济支持和技术配备？一是系统要具备教师教学和学生学习的各种功能。针对教师，系统需要具备学情、作业、反馈等数据分析的功能，便于教师对学生的监管和课程的调整；针对学生，系统需要具有线上学习、课堂表现、自动评分等多样化学习功能，便于学生即时掌握自身学习状况，随时调整学习强度。二是系统的开发建设和人员维护需要学校投入一定的资金。规模较小、资金不足的大学是否能够承受慕课教学模式带来的经济负担，这无疑对大学本身提出了挑战。

（六）思政慕课建设策略

1. 加强顶层设计

慕课平台建设是一个综合的、系统性的工程，必须要加强顶层设计，重视慕课平台的开发和建设。同时，慕课的建设具有开放性，不能局限于少数学校的开发，国家应积极推动不同层次的学校自由进入并共同开发建设维护。要遵循由重点建设到普遍建设的战略。首先，由具有较高科研水平的"双一流"高校带头开发平台；其次，以此为中心由点及面地向省重点高校及其他地方高校辐射，推动慕课技术的普及、建设和推广，最终建成覆盖全国的高校思想政治教育慕课平台。

2. 严格把关，提供精品慕课资源

慕课平台提供的课程是面向全国高校学生的，因此在课程质量上必须严格把关。而高校思政课又与其他课程有着明显区别，其最本质的属性和特征就是政治性。因此，必须严守安全底线，保证思想政治慕课是精品课，真正让慕课资源发挥维护社会主义意识形态的功能。

3. 避免跟风，做出思政慕课独有的特色

首先，思政慕课要融合而非替代传统的思政课堂教学。思想教育功能如果离开了面对面交流，效果会大打折扣。思政慕课的技术的优势是有目共睹的，但是传统课堂也并非一无是处，否则也不会在我们高等教育发展的历程中经久不衰。因此，要辩证地将思政传统教学与思政慕课融合起来，两种方式实现优势互补，针对每所院校自身的情况，承担起高校学生思想教育的使命。

其次，可以用翻转课堂的理论改善思政慕课，采用"先学后教"的模式，让学生课后自主完成学习并提出问题，课上和老师一起交流、研讨事先发现的问题，并探寻有效的解决方案。既发挥了思政慕课本身的技术优势，有效地解决了师生配比不足的问题，又弥补了师生缺乏面对面"言传身教"的弊端。

4. 健全激励机制，提升教师网络教学水平

高校思政课教师是推进思想政治教育改革的原动力，要鼓励教师学习新媒体新技术。高校要健全教师进行教学创新和教育改革的鼓励、激励机制，加强对思政课一线教师的网络技术培训，邀请慕课课程研发的专家来校进行交流座谈、分享经验。同时，对于积极参与、探索慕课课程开发的教师，要给予表彰和奖励，形成崇尚创新的氛围。

5. 充分发挥公共图书馆的作用

图书馆在新媒体时代起到了信息源的作用，应当对接当前思政慕课，将图书馆中关乎人类智慧结晶的馆藏资源用于思政慕课中。比如将传统文化诸子百家的馆藏资料用于思政慕课中的中华民族传统美德的部分；将抗日战争、解放战争的馆藏资料用于思政慕课中弘扬中国革命道德部分；或者将思政慕课在线资料、在线课程或者在线课堂中加入相关联的图书馆或者电子图书馆资料链接；等等。其中，高校图书馆在思政慕课中发挥的作用是精英教育的模式，主要针对的是高校学生的思政课教育；而社会公共图书馆则在思政慕课中发挥大众教育的模式，主要针对社会公众或者全民思政教育。

图书馆可以搭建起思政慕课在线检索平台。图书馆应该搭建起方便易用的检索平台，让学习者在这么多的慕课中寻找到最适合自己的，发挥其助攻大众终身学习、终身思政的作用。图书馆提供的慕课检索平台也必须符合大众这种阅读和检索习惯，毕竟"易检索到"才是参与思政慕课的前提。

6. 增强学生思政慕课的获得感

思政课或者思政慕课的改革使学生有获得感，其改革就具有价值。思政课本身的特点在于其与现实紧密相连，承载着将党中央重大理论创新传播给学生，武装学生头脑的作用。然而，这些"大而严肃"的内容与学生

碎片化、娱乐化的阅读方式是具有冲突的。这就需要思政慕课在传播好这些理论的同时，关注如何有效传播。慕课的方式由于借助互联网或者移动互联网，已经从形式上使学生放下了被"说教"的戒备心理，如果再借助慕课中的视频加入一些动画或者访谈的形式，学生就会从思政慕课学习中觉得切切实实获得了深刻、生动、好玩又有用的理论，学生想要获得思政知识的意愿就会增强。

比如 2018 年 5 月是纪念马克思诞辰 20 周年的日子，在很多媒体公众号中出现了接地气的关于马克思的内容，很多还配有网络语言和一些卡通图，如求是网公众号的《如果马克思穿越了……》和《马克思是对的》、人民网公众号的《给 90 后讲讲马克思》等。学生愿意看，看后也会增加对马克思主义的了解。如果"马克思主义基本原理概论"的思政慕课能够加入这些素材，配合教师具有理论功底又符合学生话语习惯的讲解方式，必然会增强学生对这门课的学习兴趣。

三、积极运用情境微课教学

微课是当下我国高校运用最多又推广最快的一种新型思政课教学方式。微课以短小精悍的微视频为载体形式，是"互联网+教育"的优秀成果，有利于有效解决传统教学方式的突出问题。

微课一般时长 5~8 分钟，它的主题性更强，比文字阅读更立体、更生动。在微课教学实践中，高校思想政治理论课教师经历了一个由重知识讲解到重情境体验的转变。情境微课是将教学中的知识重点和难点镶嵌于特定的任务或场景中，并运用多媒体技术制作出精致的小视频或小动画，建立微课资源。情境微课形象生动，可以将抽象、枯燥的思政理论变得易学易懂。同时，微课符合高校学生移动化、碎片化、个性化的学习口味，契合高校学生的学习心理、教育期待和接受愿望，避免了长时间集中学习带来的学习厌倦，故能得到"00 后"高校学生的普遍喜爱。同时，与大型慕课相比，微课的制作时间短，成本低，在高校推广和应用也更加容易。高校要积极推广和宣传情境微课教学模式，鼓励思政课教师将微课应用于教学实践中。

但是，思政课教师对微课的探索必须遵循一定的原则。首先，要坚持互补性原则。要与传统思政课教学模式融合互补,不能摒弃传统的课堂教学模式。其次,要坚持教育性原则。情境微课教学要坚持实事求是的方法,避免短时炒作和形式主义,要以有效地解决高校学生的思想困惑为出发点和落脚点,以提高思政课的教学效果为目标。最后,要坚持优质性原则。情境微课绝不是换了个新颖的包装,也不是简单地录制视频片段,情境微课对确立什么主题、选取什么素材、制作多久的视频、采用什么辅助资料、如何科学评价反馈等环节都要考虑到,也都必须优化,这样才能真正起到调动高校学生的学习积极性的目的,实现良好的育人效果。

第三节 "互联网+"时代思政课程教育者的应对策略

一、"互联网+"时代高校思政课程教育者的困境

(一)育人理念相对滞后

目前,依然有一些高校思政课程教育者习惯于传统的教学方式,思想保守、固化落后、懒于创新,他们缺乏"互联网+"的思维,不重视"互联网+"给教育领域带来的革命性变化,更不懂得如何向"互联网+"借力。因此,这些教育者在现实教学实践中固守传统教学模式,对网络教学模式有抵触心理,排斥"互联网+"与思想政治教育的融合,缺乏创新精神及信息化教学能力。

(二)信息素养储备不足

"互联网+"时代的到来,要求思政课程教育者具备一定的网络素养。高校思政课程教育者首先应具备丰富的专业理论知识,这是最基本的素养,是顺利开展教学实践的基础。高校思政课程教育者只有政治素质过硬、理论功底深厚、专业知识储备丰富、对前沿学术问题熟知,才能有底气的、自如的完成教学工作。高校思政课程教育者不仅要具备专业的知识

储备，此外还要具备教育学、哲学等知识，以能够在尊重高校学生心理发展规律和教育学发展规律的基础上开展教学。

高校思政课程教育者还应具备必要的网络素养，能够较熟练地利用信息化手段收集、分享、处理和发布数字教育资源，能够较熟练地掌握音频视频的录制，能够较熟练地操作运用学习平台。

然而，从目前的教育现状来看，很多高校思政课程教育者表现出信息技能、网络技术的贫乏性，其知识结构也较为单一。"互联网+"时代的到来，让传统的高校思政课程教育者对其工作感到力不从心。

（三）角色转换不适应

"互联网+"为教育主客体平等关系的塑造创造了条件，但也给教师的权威性带来了巨大挑战。高校学生和教师实时接收互联网信息，教师在传统教学时代可以提前备课、提前掌握资料的情况受到挑战。高校学生已经成年，他们往往对突发事件有浓厚的兴趣，喜欢在网上关注最新动态，获取了一手的讯息后又往往表现出不满足的态度。于是，他们会在现实空间里与舍友、同学等探讨、交流、沟通、碰撞，对突发事件、热点新闻等形成较深入的认识，孕育出更深刻的思考和问题，在此基础上再向老师发问，渴望得到老师的专业解答。这种积极探索的学习可能导致高校思政课教师的权威在一定程度上减弱，教师的知识储备和应急能力受到较大挑战。

（四）如何破解"言传"与"身教"相结合的问题

基于互联网的教学存在一个明显的短板，就是由于师生通常是不见面的，不能有效地解决思政课教师思想教育与言行育人的"身教"问题。学生见不到老师，就无法接受老师本身"行为示范"的感化，这不得不说是一个缺陷。我们通常评判一个优秀的思政课教师，不仅仅是要将理论讲准、讲透，还要以身作则传播正确的"三观"，对学生个体予以关注，注重对学生心理、思想的引导。教师本身的格局、勤勉和学识都构成思政课教师的人格魅力，这种人格魅力和其传授的知识一样能起到育人的效果。而且随着时间的推移，有些理论可能会被学生遗忘，但是一名好老师的人格启迪可以铭刻在高校学生人格养成过程中。这种人格育人的"身教"作用，是隔着电脑屏或者手机屏幕思政慕课是难以达到的。

（五）工作压力增大

互联网时代的高校思想政治教育，早已突破了固有的45分钟界限，而变成了全天候的思想回应，解惑释疑。教师的工作变得更加细化和复杂。在备课内容上，传统课堂时代，教师的备课主要是备知识；而互联网时代备课除了备知识，教师需要投入更多的精力去预测各种可能，还要随时随地在"网上"和"网下"解答高校学生的困惑，如果一味地不去关注和理睬，任由其发生，可能会带来严重的后果。这样，就会占用老师大量的精力。在教学手段上，教师要及时地掌握各种最新的功能并有效利用，这也是对教师的巨大考验。

二、"互联网+"时代高校思政课教育者的应对策略

（一）更新教育理念

1. 要树立"互联网+"思维

高校要加强在教师队伍中宣扬"互联网+"理念，通过开展讲座等方式，引导教育者客观看待"互联网+"的革命，正确解读"互联网+"的内涵和价值，健全奖励、激励机制，鼓励教师积极探索网络资源与平台的开发和建设，营造积极拥抱"互联网+"的文化氛围。高校思想政治教育者要走出舒适区，在教育教学实践中积极探索、运用"互联网+"。

2. 要树立高校学生主体思维

当代的高校学生群体是使命感、责任感和自豪感非常强的群体，他们具有参与学习的积极性、主动性和创造性，主张彰显自我价值，在参与中理解和运用。因此，教育者要树立高校学生主体思维，接纳高校学生已从原来传统教学方式下的被动的教育客体，变为积极学习的教育主体这一动态趋向，积极引导高校学生完成角色的转变。教师要放下权威的身份主动与高校学生平等对话，要重视高校学生的生命体验和自我表达，在自由、平等、民主的理念下提高高校学生的积极性、主动性和参与性，高质量

地、和谐地开展思想政治教育。

（二）创新教学思维方式，营造生动活泼的课堂氛围

思政课教师在学习过程中必须加强思维创新，以辩证思维和唯物主义思维来应对出现的问题，通过不断的改进思政课的课堂教学效果，激发学生的学习兴趣，帮助学生形成正确的信仰和意识形态，掌握先进的思维方法。目前，党和国家对这一方面的工作要求主要集中在三个方面：第一，高校思政教师必须立足马克思主义理论的指导价值，在历史研究方面坚持辩证主义和历史唯物主义，由此更加深刻地认识到历史的发展趋势，实现历史和实际相结合的策略，此外，相关媒体还需要切切实实地讲好中国故事；第二，在课堂教学过程中引入创新思维，通过互联网技术和理念的应用，"用好课堂教学"；第三，教师应该强化自我价值，满足新时代的发展要求，突出思政课堂教学的核心价值导向，通过教学创新，改善高校学生的课堂体验，提升学生的政治水平，帮助高校学生了解国际形势。

（三）充分挖掘和利用教育资源

在高校的思想政治教育工作中，课堂教学是主要的渠道之一，发挥着重要的作用。课堂教学要求教师具有跨界思维，要求教师在教学过程中改变传统的教学模式，充分利用新媒体技术，把握课堂教学的话语跨界思维，不断完善学习内容的设计，探索新的课堂教学方式，借助多媒体技术赋予理论知识以新意，帮助学生更好地掌握所学内容。此外，思政课程教师还应充分挖掘教育素材。例如，中国的历史发展中有很多值得纪念的人士的感人故事，也有很多的英雄事迹。为了纪念他们，在很多地方修建了纪念馆、英雄纪念碑等实体纪念场所，参观这些蕴含了爱国主义的纪念场所能激发高校学生的爱国主义热情。为了更好地弘扬爱国主义精神，我们可以利用互联网，挖掘这些教育素材，在课堂中，通过多媒体技术向学生进行展示与讲解，培养高校学生的爱国主义情怀。

（四）提升网络素养

"互联网+"时代要求高校思想政治教育工作者应具备一定的网络素养。教育者要创新教学方法与教学手段，不断提升网络素养，推动网络教

第三章 "互联网+"时代高校思政课程的改革与发展

学的方式与思政课程的结合，提高教学艺术，构建既符合学科规律又满足学生需求的网络课程。要充分利用大数据提供的信息，全方位地把握学生的学习兴趣、学习过程等，提升教育者利用大数据组织教学和管理的能力。要树立共建共享思维，合理配置线上与线下、校内与校际教学资源，积极借鉴优质课程资源组织思政教学。要在立足于专业知识扎实的基础上，开展教学手段和形式的革新。推进"互联网+教育"并不是一刀切，更不是只要美丽的包装而忽视真实的内在。

此外，还要求教师能够在线回复学生问题、回应学生讨论、随时发布测验、发布课件，以及有关视频、在线布置小组作业，并进行跟进指导等手段，这就要求教师熟悉互联网技术并能熟练使用。

但同时，也要求思政课教师切忌过于沉迷于技术的五花八门而忽视内容本身。再新的技术手段、再多的好看、有趣的视频，也不能替代理论本身的讲准、讲透。良好的课堂讲授能力，得体的教风、教态，扎实的理论讲授基本功，无论何时都是思政课教师立足的根本。可以从以下几个方面入手，提高思政教师运用互联网的素养。

1. 提高信息的搜索与加工能力

当今信息社会的剧烈发展与以往任何时候都不一样，不同于以往的学校教育，教师获取教学信息基本都是通过教学参考书、报刊及个人经历等途径。而今，除了上述的常规途径，教师还可以从互联网上获取大量相关的信息和知识。现在的网络信息量大、类型多样、良莠不齐。因而，教师从互联网获取教学的能力及其筛选信息的能力就变得格外重要。

首先，学会运用搜索引擎、学术资源库等，精准搜索想要的教育资源并进行下载或转载。

其次，要具有快速浏览信息的能力与鉴别力，以便在海量的教育信息中获取最有价值的、与自身教学最贴切的教育资源。这需要教师坚定立场、明确目标，排除不健康信息影响。此外，教师还应该提高教育资源的整合效果。教师在互联网获取的教学资源并不一定完全适应学校教育目标或课程建设目标，要想有效利用这些资源，还要进行相应的资源整合，包括教育资源的筛选、重组和运用。第一，教师要依据培养目标或课程计划，按照资源的优劣、真假、善恶等进行价值判断，将大量的与其教育教学相关性不大的职业教育资源进行剔除，保留最有价值、最为正确或合理

101

的资源。第二，对筛选之后的教育教学资源进行编辑、加工与整合，逐步形成内容上、逻辑上和形式上较为统一的、个性化的教育新资源，力争将其融入到自身已有的知识体系中或重构知识体系。第三，就是加强对资源的应用能力，即教师依据相关的目标或要求进行教学设计，合理分配教育资源，帮助学生进行资源整合，提高学习效果。

2. 鼓励教师利用网络，加强教学设计

信息化的到来，对教育产生了很大影响。这需要教师具备极强的信息获取与驾驭能力，也需要教师学会利用网络工具进行教学。优秀的培养方案好比是菜单，优质的资源好比是各种食材，但是如何去加工制作、为谁加工、加工的程度如何等不能忽视。这就需要教师基于学生的特性进行教学设计，而且是基于现代信息技术进行设计，以引起学生学习兴趣，提升思政课堂的趣味性及有效性。

（五）深化政治思想学习，提升政治素养

思政课教师作为马克思主义理论和社会主义意识形态的传播者，党的路线、方针、政策的宣讲者，高校学生世界观、人生观、价值观的引导者，首先自身必须政治素质过硬，必须具有较高的政治敏锐性，并不断坚定自身信仰，掌握用政治视角审视问题的能力，尤其是在核心问题方面坚定立场，保持政治清醒。对马克思主义理论做到真学、真懂、真信和真用，杜绝"姓马容易信马难"的现象。要坚定实现中华民族伟大复兴的信心，要坚定对中国共产党的信任，在大是大非面前，与党中央保持高度一致，站稳政治立场，恪守政治原则。

（六）加强道德素养，提高自身人格魅力与亲和力

据调查显示，高校学生喜欢某位思政课教师，不仅是因为该教师理论功底深厚，学识渊博，还有一个更重要的原因是其身上散发着崇高的道德修养和闪光的人格魅力。社会发展和经济建设都离不开专业人才，而只有道德水平较高、德才兼备的教师才有助于正能量的产生，进而潜移默化地对学生施加影响，不断地向社会输出德才兼备的人才。

思政课教师要不断提升知善能力，增强向善情感、趋善倾向，养成行善习惯、率先垂范、慎独自律，通过提升自身人格魅力，在思政课堂上取

得更好的教学效果。用崇高的师德影响学生、塑造学生，用高尚人格感染、鼓舞学生，把真善美的种子播撒给学生，把自己锤炼成高校学生的道德楷模。年轻教师应该积极自我学习，发挥中流砥柱的作用；年长教师则需要在思政课开展的过程中继续发挥余热。高校思政课应该始终坚持以学生导向的原则，不断地向学生传达关心、关爱、关怀，最大限度地发挥教育优势。

（七）提升专业素养

上好思想政治理论课绝不是一件轻松的事情。思政课离不开深厚的学术能力和理论素养，只有不断地积累和深化自身功底，才能实现学术能力的持续发展。因此，思政课教师不但要做到有过硬的政治素养，还要苦读、通读马克思主义经典著作，深耕时代重大课题，不断提升专业素养，努力做到政治性和学理性相统一。

一方面，要不断提升和补充自己的理论知识，通过理论学习和实践的结合，组织开展各项调查活动，全面了解中国共产党在各个阶段的发展历程，在不同的对比分析中总结经验、梳理不足。要不断增强马克思主义理论的解读优势和话语优势，弘扬时代主旋律，传递社会正能量，批判错误思潮，践行社会主义核心价值观，强化优势不断增强"四个自信"，明确使命担当，变"点名课"为"网红课"。

另一方面，要能够及时捕捉世界变化，把握时代发展脉搏，纵向看待世界各国的变化和各种事物的发展。加强历史思维，反对历史虚无主义。

思政课教师要掌握丰富的、跨学科的教育学、心理学、人文科学和自然科学知识，做一个学识渊博的人，做到在教学中对知识整合、融会贯通，以透彻的说理和开阔的视野让学生心服口服。

（八）重视对思政课教育者的激励保障

①要稳步扩大教师队伍规模，配齐相关专业人员，科学扩展选任专业教师的准入条件，以确保能够实现思想政治教育目标。

②高校要落实中央政策，注重对教师队伍尤其是青年教师互联网媒体应用能力的培训。顶层设计的理念只有切实地有教师队伍的素质做保障，才能真正落地开花。所以高校要落实落细，下真功夫、下狠功夫，制度

化、常态化地开展网络信息技术培训工程，培养出一支既熟悉线下教学又能灵活、熟练操作微课、慕课等线上教育平台的队伍。

③高校要制订和完善对教师创新育人的激励政策，调动教师积极利用网络开展教学和学生管理的主动性，通过物质的和精神的奖励，长久地激发教师学习网络、利用网络进行网络育人的内在原生动力。在考核考查制度上，在教师职称晋升上，给予相应的奖励和惩罚，使教师不断提升现代化的教学水平，与时俱进地开展工作。

第四章 思政课程与"课程思政"协同发展

目前,大思政背景下,思政课程与"课程思政"的协同发展备受重视。本章通过三节内容,分别对思政课程与"课程思政"概述、思政课程与"课程思政"协同发展、思政课程与"课程思政"协同发展的对策做出了探究。

第一节 思政课程与"课程思政"概述

一、相同之处

高等教育有为国家战略发展服务的职责,其通过培养社会主义建设者和接班人实现服务国家发展的目标。思政课程与"课程思政"两者都是以"课程"为载体,都是人才培养的纽带,从不同的层面履行着课程的育人功能,发挥课程的育人作用。

二、不同之处

(一)内容不同

思想政治理论课程教授学生的内容,是以马克思主义基本原理为基础的理论知识,包括"马克思主义基本原理概论""毛泽东思想和中国特色社会主义理论体系概论""中国近现代史纲要""思想道德修养和法律基础"及"形势与政策"五门课程，是针对高校学生开展思想政治教育的一类课程，具有很强的知识性，鲜明的政治性、目的性及中国特色，课程内容相对具体，其思想性表现出了鲜明的马克思主义特征。

思想政治理论课程是国家主流社会意识形态建设的主阵地，在学生的思想政治教学中占据主导地位，一般都具有很强的理论性，如马克思主义世界观和方法论、中国近现代史的发展历程等。思想政治理论课程坚持马克思主义立场、强调马克思主义的观点和方法，在这些观念的引导下培养马克思主义理论型人才。此外，在思想政治理论课程中，除了坚持继承马克思主义基本原理外，还强调要坚持与时俱进，不断进行理论创新。

（二）方法手段不同

思政课程中，教师通过讲授马克思主义理论、毛泽东思想和近现代时事政务等，向学生较为直接地传递爱国主义精神、家国情怀和社会责任等。而"课程思政"内容则丰富得多，其以课程为主要载体，强调所有学院、所有专业和所有教师的参与，为学生传授专业知识的同时，适时利用课程优势开展思想政治教育。

"课程思政"是在专业课程教学中开展与专业教学内容相关联的思想政治教育，以专业知识作为基础，挖掘课程中的育人元素，同时加以社会核心价值观的引领，于无形中对学生进行价值引领，促使学生提升对专业知识的认知，这是一种能动的认同和内化。它是思政课程的补充和丰富，教师通过不断增强自身素养，在专业课程的教学中挖掘和开发思政资源，穿插与专业课程教学内容相匹配的思想政治教育内容，为高校学生思想政治教育提供了更为广泛的内容。在教学中，它更强调的是"方法"。

三、两者的辩证把握

思政课程是高校思想政治教育工作的核心内容。但同时思政课程讲授的内容相对枯燥乏味，且讲授内容单一、刻板，形式陈旧，不具吸引力，导致高校学生对课程存在反感和排斥情绪，普遍认为思政课无用，最后在这样的情况下任课老师各自为政、学生自行其是，高校思政教育便出现了"孤岛困境"。

因此，推动高校课程思政建设，将思政课程作为课程思政建设的主要内容和关键环节，可以对传统高校思想政治教育实现渠道的拓展、内容的丰富、形式的创新，有利于规避课程的"孤岛效应"，破解思想政治理论课的尴尬境地和传统思想政治教育教师孤军奋战的困境。且同时又能让学生在学习知识的同时全面发展，保证了高校思政建设中思政课程这一"主渠道"。

利用"课程思政"这一理念，作为与之相辅相成的思想政治教育方式，能够在学生的价值引领上发挥重要补充作用。此外，两者的结合能够做到显性教育与隐形教育相结合，弥补传统理论灌输所带来的不足。

第二节 思政课程与"课程思政"协同发展

一、思政课程与"课程思政"协同发展概述

所谓协同，就是系统各要素自发的相互作用，产生系统规则，运用综合的思维方式，并在规则的指导下，使各要素结合起来，形成合力，同心、同向、同步协作，并通过不断地协调、整合、优化，形成大协同环境，从而促进系统制定的目标完成的一个过程。

课程思政与思政课程的协同发展、同向同行，就是二者坚持正确办学方向，发挥课程育人功能，实现合力育人的目标。

（一）思政课程与"课程思政"理论方向的一致性（同向）

1. 政治方向一致

思政课程与"课程思政"都具有一定的政治性。两者政治方向一致，即坚持社会主义道路，树立为社会主义事业奋斗终身的理想，让学生有为中国特色社会主义服务的意识和能力，有承担中华民族伟大复兴使命的自觉性和动力。

2. 育人目标和方向一致

在教学中应该清楚认识知识、能力培育和价值观培育三方的关系，并

对学生整体素质的提升予以高度重视。因此，育人必须通过三个方面：知识、能力和价值观。

育人目标对于高校思想政治理论课来说是不可或缺的。可以将其理解为，为高校学生实现自由全面发展而进行思想、理论等方面的培养，让青年学子成为新时代德智体美劳全面发展的人才。

随着时代的不断发展，各种思想可以说是百家争鸣、万花齐放，所以学生的思想也会受到各式各样的思想的影响。高校在进行办学的时候一定要做到在传授学生知识的同时重视学生思想道德修养的培育。

在进行思想道德教育的时候不影响学校的专业授课，使得学生的思想道德修养与价值观被塑造的同时，也可以接受较为专业的知识指导。这样培育出来的学生不仅具有专业的学科知识与能力，也具备较高的思想道德水平，也为我国教育立德树人的目标实现提供源源不断的力量，并为我国的基础建设输送高质量的人才。

3. 根本任务的一致性

以德立命的观点自古以来就受到中华民族地注重。立德树人职责不只是思政教师的工作内容，而是各个课程的老师都应该坚持的伟大使命。所以，思政课程、"课程思政"对于立德树人具有高度的统一性。

（二）思政课程与"课程思政"实践路径的一致（同行）

同行顾名思义就是统一的行为，在思政课程与"课程思政"中表示的则是对于思想道德教育的开展活动的一致。二者的同行就是开展统一的、一致的思想道德教育，同时二者相辅相成，促进我国思想政治教育水平地不断进步。

1. 步调一致

课程思政和"思政课程"的步调一致，更多的是从宏观层面来进行考虑的。比如：政治层面、文化、理论等，这些角度的步调一致可以帮助我国在进行思想政治建设的时候有着非常高效率的行动。同时"课程思政"在进行我国上层建筑建设的时候也要符合"思政课程"的步调，将思想道德教育进行一定程度的调整与调节，对于立德树人的思想政治教育根本目标进行实现，促进我国人才教育水平的不断发展，为我国基础建设输送源源不断的高质量人才。

2. 相互补充

课程思政和"思政课程"的相互补充其实就是为了对于思想政治教育的结构进行一定的优化,将此教育行为设计得更加系统,更具有科学性。课程思政和"思政课程"应严格区分,保证二者具有较好的独立性。同时对于二者要进行相应的优化,将思政课程与"课程思政"的内容与边界进行明确的界定,并将教育体系不断完善,促进立德树人目标的实现。

3. 相互促进

首先,"课程思政"具有理论、科学等学科的支持,它可以使得思政课程有着更多的实例与理论的支持,促进思政课程的发展。

其次,思政课程对于"课程思政"能起到积极的引导作用。在别的方面或许思政课程表现得并不突出,但思政课程一直坚持社会主义办学方向,并且对于中央传达精神总是进行及时、深刻的解读,从而不断提升思政课程的水平,并在一定程度上促进了"课程思政"的发展。

"课程思政"和思政课程的同行同向关系是辩证的,这二者之间的关系更像是实践与认识之间的关系。可以说在某种程度上,"同行"是"同向"的路径,而"同向"则是"同行"的前提。我们在进行思想政治教育的过程中要明白"同向"对于思想政治教育的指导意义,也就是引导的重要性,如果不重视,就很难完成高质量的思想政治教育。同时我们也要明白"同行"在实际中的可行性,因为如果对于这一点有所疏忽,那么教育将无法培育出合格的社会主义接班人,导致祖国的建设没有足够人才的支撑。只有对于二者都重视,才能保证"同行"与"同向"之间相辅相成,使二者之间的协同效应得到最大的展开。

二、思政课程与"课程思政"协同发展的紧迫性和重要性

(一)高校思政课程与"课程思政"协同发展的紧迫性

1. 是新形势下的必然要求

因个体和群体的差异,教育对象具有较强的层次性和类别性,也被赋

予了极为浓厚的时代性。现阶段，中国正处于全球经济浪潮的中心，在这种背景之下，中国在培养接班人的道路中，应该对学生起到引导作用，让其从更为广阔的全球视野，对中国的发展趋势有更深入的认识，端正对世界发展的态度。为积极响应这点，思政教育内容应该第一时间体现出新生代的特点，为中国的发展储备充足的优秀人才。

高校思想政治课是提升他们政治观念的有效渠道。尽管中国当下经济发展态势良好，然而在意识形态方面却依旧面临着严峻的形势。为此有必要提升青年意识形态的建设力度，增强他们的安全责任使命感。在构建思想政治课程体系时，应该充分思考中国独特的历史和文化，以中国国情为根本，实现爱国主义和文化品格教育的高度统一。

因此，"课程思想"及思政课程需要一同发挥积极作用，才可以产生强有力的积极影响作用，实现教书育人的最终目标。

2. 是高校思想政治教育的本质要求

思想政治教育是一类具有特殊意义的教育活动。其个体价值体现在：思想政治教育借助对人的关心、培养，逐步满足个体精神方面的需求，进而推动人的全方位发展。其社会价值一般体现在：利用宣传工作，激发、凝聚社会力量，达成共识，完成思想统一，降低社会资源损耗，尽最大可能完成社会整合，进而推动社会稳定发展，以及相关秩序的构建。改革开放以来，随着全球化的迅速发展，各类文化思想的渗透，人们的思想认识逐渐丰富。怎样在多元化中还能实现统一，在多样性之中抓住主导权是现阶段高校思想政治教育的当务之急。思想政治教育借助理论阐述、价值牵引的方式，促使人们形成了积极、准确的价值观及对国家的认同感，利用理论知识的宣扬，激发人民群众积极性，推动社会及人际关系的和谐发展，促使社会更为公平、规范、诚信的运转。所以高校课程革新的核心任务，不但要确保以往的思想政治课程不断革新，还需要积极开发各类课程的育人资源，这同时也是每位园丁的重大职责。在立德树人的教育过程中，每一位教师都必须肩负起自身应有的责任与义务，这是教育人的历史使命和担当。

3. 是高校教育理念革新的需要

思政课程和"课程思政"二者协同发展，在高校各类课程中找到了一个极好的契合点，彻底改变了专业课程与思想政治教育割裂的现状，实现了高校教育理念的革新。教育活动在教育理念的引导下展开，因此，唯有在准确、合理的教育理念的引导下，教育活动才可以持续稳步展开。

高校思想政治教育属于系统性极强的工作，只借助思想政治理论课的开展是无法完成最后的任务目标的，这就需要我们秉持"协同育人"的工作理念，对其余课程的育人作用同样给予重视。

"课程思政"与思想政治理论课形成协同效应。协同育人理念使各所高校的老师都要将育人当做自身的首要任务及责任，并将其积极的贯穿教育工作当中。那些认为教学协同育人是相互矛盾、互相排斥的观念是不正确的，由于我国高校本质是社会主义高校，最核心的任务是培育社会主义合格建设者和接班人，所以我国高校只有从这一战略高度出发，才可以深度理解"课程思政"和思政课程的协同发展，以及这一理念的重大意义。

（二）高校思政课程与"课程思政"协同发展的重要性

1. 确保社会主义办学方向的需要

我国高等教育必须坚持教书和育人相统一，为中国共产党不同方针政策做贡献，要保证党对其的领导，确保马克思主义在其意识形态领域的核心领导地位；必须要在方向上与中国特色社会主义的方向保持一致，与中国特色社会主义建设过程中提出的要求保持一致。"课程思政"是高校思政工作的关键构成，凸显了社会主义大学的办学特征。秉持社会主义大学的育人方向，从课程系统的构建入手，深度开发各类课程的价值意义，将教书育人融入实践活动当中，为社会主义大学培育目标的最终实现提供保障。

要让学生树立"四个自信"意识，只有对国家和未来充满信心的社会主义建设者和接班人，才能够完成社会主义培养目标。在完成立德树人这个任务的进程中，要充分发挥思想政治理论课的作用。思想政治理论课在学生思想素质的确立、价值观念的正确引领中发挥着关键的作用。因此思想政治理论课要在教育教学中将自身的学科价值发挥出来，使学生在高校的教育教学中能够拥有正确的家国观念和民族情怀，使他们能够对国家充满自信，在个人的发展过程和生活实践中，自觉地将自身发展与中国特色社会主义事业相结合。

2. 落实立德树人根本任务的内在要求

习近平总书记在全国高校思想政治工作会议上指出,"高校立身之本在于立德树人"。高校要坚持以育人为核心的办学理念,结合中国特色,实现中国梦,推动中国完成从人口大国向人才强国的转型。目前,高校办学正处于多变的国际、国内环境中,面临着多样化的教育对象,身处于多元化思想理念、多样化思想文化冲撞的挑战之中,这不但使高校得到了大量发展的机会,也使其面临着巨大挑战。学生的思想是多变的,同时是可塑的,学生不但会在学校学习主流思想即社会主义核心价值观念,还能在复杂的社会受到各种非主流思想及多元价值观念的影响。这就要求高校教师在课堂教学中,既要重视传授专业知识及技能,还要为学生思想的进步及价值观的形成提供正确的指引。

"课程思政"的构建要遵循并服务于各类学科的发展,以及专业的办学目标。各个学科自身都肩负着部分精神塑造及价值观教育的责任,应该借助"课程思政",培养学生的小德,同时也培养其具备社会的大德,让其拥有坚定的价值观自信,保证高校立德树人最终目标的完成。

3. 是高校掌握意识形态领域主动权的必然选择

意识形态工作具有重要性,而此项工作的开展前沿阵地就是高校。高校不仅是学生身心发展的重要阶段,也是价值观培养的极佳时期,其价值观正确与否直接影响着社会未来的价值走向和发展。高校在开展意识形态工作之时,应该高度重视对高校学生价值观的培养。现阶段,复杂性仍旧是高校意识形态工作开展主要面对的问题。高校不仅是思想交流的前沿阵地,更是价值观形成的重要阶段,复杂的社会思潮给高校学生的价值观带来了很大的影响,尤其是网络的发展更是加剧了这种形势,在速度、范围和后果方面相较于以前更为明显。为全面落实高校意识形态工作,要应该始终以意识形态为核心,将其渗透到学校教育的全过程中,创建尽可能多的教育渠道,让高校学生感知主流意识形态,从而获取他们的认可。要想确保此项工作开展的良好效果,仅靠思想政治理论课教师的努力是远远不够的,其他各类课程教师也应该积极参与进来。要实现思政课程与"课程思政"协调统一,其他各类课程在传授专业知识的基础之上,还应该对信仰教育予以高度重视,由此产生良好的协同效应,才可以将高校意识形态安全提升至新的高度。

第三节 思政课程与"课程思政"协同发展的对策

一、思政课程与"课程思政"协同发展的不足

(一)意识方面的不足

思政课程与"课程思政"要想更好地同向同行,相关主体必须意识到两者的方向是一致的。在高校中,要想达到这二者之间同向同行,无论是管理者还是专业课教师首先必须达成共识,然而在现阶段要想完成这一目标,显然困难重重。对于高校的管理者来说,一般情况下,高校的思想政治教育都由相关院系及部门来进行具体操作,其他专业的院系只需承担辅助作用。这一模式能够更好地确保各个院系之间职责的划分,然而,这也使得高校在对学生进行思想政治教育的过程中,往往更加依赖思想政治理论课教学科研机构。

(二)认知方面的不足

思政课程与"课程思政"协同发展的理念还没有深入人心,众多专业课教师对于两者的协同发展存在极大的疑虑。个别专业课教师教学中没有很强的政治意识和育德能力,认为其只需做到知识育人,自己的专职就是教好专业知识,而思想育人是思政老师及辅导员的本职工作。与此同时,他们也认为只有学好了专业课的相关知识,学生才能够立足于社会,而思政课对于学生来说主要是用来"放松"的课程。专业课教师对于在专业课中融入思想政治的相关内容依旧存在较大的争议。因此,专业课教师迫切需要转变教育观念、育人观念,强化责任意识。

课程育人既是思政课最重要的任务,也是其他课程肩负的责任使命,是高校教师必须承担的时代重任。但是,就这一问题,教师和学生都存在

113

一些偏颇的认识。或认为非思政课程旨在培养学生人文素养或科学精神，课程蕴含的思政价值元素稀缺、零散，挖掘和运用的难度大；或认为非思政教师对党的路线、方针、政策把握不准，理解片面，且对思想政治教育理论掌握不多、认识肤浅，进行思想政治教育就是自曝弱点和短处，很难达到预期效果。

（三）教育教学方面的不足

1. 教师思想政治素养有待提高

我们知道，"行"的前提是"知"。"课程思政"与思政课程协同发展，最终落实到高校专业课程任课教师身上。在现阶段，要想使思想政治教育在专业课的课堂上进行普及，就必须从根本上提升专业课教师的政治素养。这也反映出了专业课老师的能力水平是达成上述目的的关键点。这对于专业课教师而言是极大的挑战，因为这不仅需要专业课教师对于专业的知识有着极其深刻的理解，而且在思想政治教育方面也要有全面的认知。现阶段的专业课教师即使具有非常完善的专业课知识，但是在思想政治方面，绝大部分教师都无法达到理想状况。这也使得众多专业课老师的思想政治教育水平有待提高。现阶段大部分的专业课教师认为，"课程思政"的内涵就是将非思政课当作思政课讲解给学生，然而课程思政的实质却是要对学生进行潜移默化的影响。

2. 课程资源不足

由于高校提出了大思政理念下"课程思政"的改革，因此众多专业课教师为了能够贯彻落实这一政策，搜索查阅了相关资料，然而依旧有部分专业课教师缺乏专业的思想政治理论知识，因此在对学生进行授课的过程中，往往无法找到与课程知识相匹配的教学资源。他们只能在课堂上生硬地穿插几条思想政治教育的相关内容，这也使得一些极具逻辑性的课程显得不连贯，不仅无法达成最终的目的，而且在很大程度上也不利于学生专业知识的提升。

3. 缺乏协作的桥梁

在现阶段，高校必须完善思想政治理论课的相关内容，专业课老师也必须进一步提升自身的思想政治素养，充分发挥想象力，结合专业性的知识，将思想政治教育融入课程教学，推进高校思想政治教育工作的完善。这不仅需要各个专业院系的共同努力，也需要与高校思想政治教育工作相关部门的大力支持与配合，形成大思政的格局。在现阶段，虽然我国高校思想政治教育根据前几年的发展总结出了一些经验，也取得了一点成绩，然而整体上的协同效率不足的问题依旧存在。部分高校为了能够更好地贯彻落实这一政策，设立了由众多部门负责人组成的领导小组，然而无论在方案实施上还是考核要求上均有不足之处，缺乏主动探索与主动出击的魄力。同时，由于专业课教师与思政课教师缺乏互相协作的工作经验，存在着很多问题，加上很多时候他们都是通过联席会议的形式进行交流，导致了众多问题无法得到有效的解决。

4. 理论与实践相脱节

良好的教育教学效果，以及思政课程与"课程思政"同向同行目标的实现，离不开理论与实践统一。然而在教学实践过程中，却忽略了其重要性。部分教师在讲授思想政治理论课期间，更多地集中在纯理论知识的讲授，导致学生学习积极性大打折扣。在专业课程的教学过程中，个别教师采取填鸭式教学方式，未融入该课程的思想政治教育元素，导致学生很难从深层了解思想政治教育的相关内容。个别教师专注于专业基础知识的学习和积累，很少关注社会热点焦点，存在与社会现实不匹配、相脱节的现象。

（四）推进程度不平衡

思政课程与"课程思政"两者在协同发展的推进过程中，存在着不同地区高校与高校间的进程平衡，同一高校学院与学院之间的进度平衡，以及各学科课程与课程之间不平衡的现状。这是由于高校观念的不同，学院（系）重视程度不同，高校教师专业、思想不同等多方面的因素造成的。实现课程与课程之间的平衡，客观地说，它只是一种目标、一种愿景、一种努力的方向，平衡只是相对的平衡，不可能有绝对的平衡，只要我们广大教师在思想上重视"课程思政"的价值，在行动上对"课程思政"投入必要的精力，就能实现思政课程与"课程思政"协同发展的理想状态。

（五）责任体系不健全

完善的管理制度和运行机制是促进高校思政课程与"课程思政"协同

发展的重要保障。然而，由于受诸多因素影响，两者协同发展还存在着机制不健全等问题。

高校是一个层级较为分明的教学科研组织机构，各个层级履行着各自的职责和使命。当一种新生事物出现之初，由于对其认识存在相对局限性，因此，责任划分及责任配合出现"真空"。高校"课程思政"的出现，就其责任主体的层级看，主要有学校党委行政、教务处、教学院（系）、任课教师。推进"课程思政"中要明晰各层级责任，而在考查大部分高校之后，我们很难发现所考查的高校中有健全的责任体系。虽然"课程思政"协同思政课程在推进，但大部分高校还处在比较混沌的状态，从学校党委行政看，大多停留在发文开会层面，以文件会议推进工作；教务处则以项目布置。责任主体的核心——教学院系、教师，因为没有明确的责任要求，"课程思政"的推进大多处于自愿状态，教学学院、教师积极性不高。

二、高校思政课程与"课程思政"协同发展的对策

（一）建立协同育人机制

1. 协同机制的必要性
（1）新形势带来高校学生思想政治教育新要求

首先，高校学生思想政治教育必须从国家和民族发展的高度，把握协同育人的责任和使命，在纷繁复杂的国际形势变化中，能够辨明是非、坚定站位；在伟大理想实现和历史责任担当中，能够把握方向，不迷失自我。

其次，是高校落实立德树人根本任务的必然选择。国无德不兴、人无德不立。德如何立，人如何树，不是一个严谨的逻辑论证或一次完整的科学实验就能给出答案的，要从育人实践中总结经验、发现规律、形成科学认识。这就要求高校从时代担当和时代使命出发，深刻理解和认识立德树人的内涵，从国家和民族发展的高度将德育摆在首位。两者相互配合、互为支撑，良性互动、协同育人，从而提高高校学生思想道德素质，培养社会主义现代化建设所需的高素质人才，进一步推动新时代历史任务的

完成。

最后，技术迭代和网络更新对教育方式的影响越来越深刻。截至2020年6月，我国网民数量已达到9.4亿人，其中学生群体最多，占到23.7%的比例[①]。我们要从教学方式上进行改革创新，要协调好线上课堂、实体课堂、实践课堂、校外课堂等多个课堂教学，借助视频、慕课、动画、微信公众号等多种新技术手段，迎合学生的接受喜好，提高高校学生思想政治教育的吸引力和亲和力。

新形势的发展，要求思政课程必须调动起所有的育人主体，挖掘更多的思想政治教育元素，建立德育共同体，形成育人合力。通过显性教育与隐性教育相结合的方式帮助学生塑造正确的世界观、人生观、价值观。在经济全球化、政治多极化、文化多元化、网络信息化背景下，只有紧紧抓住高校思想政治教育教师队伍"主力军"、高校一流课程建设"主战场"、高校所有课堂教学"主渠道"，让所有高校、所有教师、所有课程都承担好育人责任，才能"守好一段渠、种好责任田"，使各类课程与思政课程同向同行，将显性教育和隐性教育相统一，知识教育、能力培养与价值引领相统一，形成协同效应，构建全员、全过程、全方位育人大格局。

（2）当前高校学生思想政治教育亟须协同创新

第一，高校持续扩招对教育教学质量产生压力。高校扩招政策的制定，初衷是为了给更多人接受高等教育的机会，促进整个社会的教育公平，既让年轻人享受到高等教育带来的福利，也能缓解社会就业压力。这些大学毕业生在国家各行各业的建设中承担了重要任务，成为我国科技创新的动力源泉。但由于持续的扩招造成学生数量增多，高校原有的教学场地、教学设备、师资力量逐渐无法满足这种大规模的培养需求，使社会对高等教育人才培养的质量产生担忧。

目前思想政治教育队伍缺编、缺岗的现象使教育工作面临巨大的工作压力，如果仅依靠一方力量或一支队伍的力量，必然无法完成庞大的教育教学任务。只有整合队伍、资源和平台，让各个队伍相互配合、相互支持，才有可能在人员不足的情况下保质保量地完成高校学生思想政治教育工作。

[①] CNNIC发布第46次《中国互联网发展状况统计报告》[EB/OL]. (2020-09-29)[2021-07-26]. http://www.cac.gov.cn/2020-09/29/c-1602939909285141.htm.

第二，各部门职能的精细化管理，力求全面覆盖思想教育和学生工作范畴，确保教育教学的质量，为学生提供全方位的服务。但这一举措也在一定程度上造成了各职能部门之间的隔阂。处于基层的各科室部门之间由于分管不同工作，交流和沟通成本相对较高，彼此能合作配合的机会也较少，即使需要多方合作时，由于相互不熟悉各自的工作流程，往往导致工作效率延缓。另外，高校学生思想政治教育工作作为一个复杂连接的整体系统，某一项工作很难划分为某个部门单独的职能和责任，如学生的心理问题，可能需要联合学院、心理咨询中心、后勤公寓管理中心、保卫处等多个部门的师资力量，对学生进行集中分析，找出问题背后的原因，并从各个环节对学生进行监督反馈，确保学生的安全和心理健康。再者，由于工作职能划分的精细化，许多学校将思想育人的工作都压在了辅导员和思政课教师的头上，但育人工作是高校"全员"的责任，需要其他教职人员的配合和协助。一味强调职能精细化管理，反而会造成一些部门机构冗杂、人员过多，出现忙的部门被事务性工作缠身，闲的部门又人浮于事，真正干事的人很少。究其原因，还是在这种部门职能精细化管理的背后，上下级关系的金字塔式结构导致信息沟通不畅，无法形成统一的领导和工作分配机制。

2. 协同育人机制的可行性

尽管思政课程与"课程思政"在功能定位、课程目标的各方面有着不同，但是由于二者存在教育教学对象一致性、教学内容方法互补性、教学终极目标共通性和承担责任使命趋同性，都强调课程的思想政治教育功能，因而同向发力、协同育人具有完全可能性。

（1）工作目标的一致性

工作目标是一切行动的出发点和前进方向，是指开展某项工作想要实现或取得的预期目的。从国家层面而言，全国高校通过课堂教育教学、日常思想教育、学校服务管理等环节和渠道，实现开展思想政治教育的最终目标——全面落实立德树人根本任务，以社会主义核心价值观为引领，正确引导高校学生健康成长，把新时代高校学生培养成中国特色社会主义事业的可靠接班人和合格建设者。

具体而言，思想政治理论课作为直接面向高校学生进行马克思主义理论学习的"第一课堂"，承担着传授系统性、专业化的学科教育任务。其通过摆事实、讲道理，把晦涩难懂的语言讲得通俗易懂，把精辟深邃的哲理讲得具体生动，把深奥抽象的理论阐释得透彻明白，促进思政课质量水平的提升，着力于增强高校学生的政治素养和国家认同，帮助他们树立正确的三观，培养其良好的思想道德品质。而日常的思想政治教育主要在于"第一课堂"之外如何担负起实践育人的任务。类似班级学风建设、党团活动开展、心理健康咨询、就业规划指导等，都是为了让青年更好地成长、成才，有效地解决包括思想困惑之外的现实问题。从中可以看出，要想实现青年的全面健康发展，两者缺一不可，否则会阻碍高校学生思想政治育人目标的最终实现。

(2) 教育对象的一致性

思政课程与"课程思政"均以新时代高校学生为教育对象，高校学生具有鲜明特征。

一是其自我独立意识较强，崇尚自我、注重自我，喜欢特立独行，但集体观念淡漠、责任行为弱化，团结协作能力不足；二是其思想活跃、思维敏捷，但社会实践活动参与偏少；三是其感知世界的方式方法新颖多样，内心感知异常丰富，但信仰信念不坚定，心理素质偏弱，应变能力不强；四是其社会阅历浅，考虑事情不够周全，在挫折和困难面前容易产生消极情绪，酿成极端行为；五是其对网络依赖性较强，喜欢沉浸于虚拟网络世界，社会沟通交流机会较少。

(3) 教育过程的融通性

从课堂理论教学到课外活动实践、从线上面对面交流到线下人与人沟通、从虚拟慕课到现场教学，高校学生的思想政治教育过程既包括知识技能的教授，也内蕴品质和道德的涵养。可以说，整个育人过程是一脉相承、环环相扣的，具有融通性和延续性。

育人过程的具体环节和任务，就课堂教学过程而言，主要是帮助高校学生树立正确的认知，如此方能在实践中少走弯路，避免误入歧途；就日常思想政治教育过程而言，其强调通过活动建设、平台打造、学科竞赛等多种载体形式和合理育人途径，来贯通"知"与"行"、理论与实践之中的有机联系，进而帮助高校学生在整个成长、成才过程中更好地学思践悟。不论是主渠道还是主阵地，两者在育人过程中，都是互为渗透、相互影响的。离开理论教学过程，实践活动开展就缺乏了理论指导这个重要前提；离开实践育人环节，理论讲授就会因变得抽象空洞而让人无法真学、真懂、真信。

(4) 教育内容的衔接性

对于思想政治的教育来说，思想政治课程与其他课程在教育内容方面的侧重点是不同的。但是，这两方面的教学内容是不能相互割裂开来的。一方面，理论是用来指导实践的，如果只注重理论讲授而忽视实践能力，那么思想政治理论课的实际意义与影响力必然大大削弱，理论学习不能学以致用势必会让高校学生对理论教育内容失去兴趣。另一方面，理论失之毫厘，极易导致实践谬以千里。假如高校学生日常活动的开展缺乏理论指导，容易使行动变得盲目而无所适从。就拿爱国来说，究竟怎样才是真正的爱国，这个更深层次的理论问题如果不弄清楚，高校学生在具体的爱国活动进行中，一不小心就会变得偏激或盲从，甚至有的学生即使拥有爱国心实际却做出了伤害祖国之行。

(5) 工作方法的借鉴性

主渠道与主阵地既然都是针对育人而言，那么二者必然在如何实现更好的育人工作的方法上可以彼此借鉴。"道路千万条，管用第一条"，只要是从立德树人的根本任务出发，只要育人方法科学合理，我们都应该大胆使用。随着信息技术的日新月异，高校学生的知识接受渠道、信息传播途径都发生了较大变化，这就要求及时更新教学方法手段，用更加贴近学生日常生活的授课语言、授课方式来增强理论课的吸引力。反过来，日常思想政治教育也可以借鉴理论教书育人，注重传统讲授的一些方法，适当提高活动开展的思想性、理论性和学术性，这样有助于提高辅导员、高校管理队伍等在高校学生心目中的形象，使他们进一步当好学生的"良师益友"。

实际上，就现实情况而言，思想政治理论课本身较为突出"晓之以理、动之以情"的工作方法。比如，通过让高校学生懂道理、通情理、知伦理、明事理，把知识传授与理论说服结合起来；通过故事讲解、语言渲染、画面呈现等方式进行讲解，避免干巴巴说教，实现"以情感人、以情动人"。日常思想政治教育本身则较为侧重"教之以严、导之以行"的工作方法。由于高校学生群体十分活跃，开展日常学术活动时，如果不严格要求、不强调纪律性，势必会使活动效果大打折扣。另外，必须对诸如盲目消费攀比、网络游戏成瘾、刷夜看剧不眠等行为现象循循诱导，方能把学生言行引入正轨。当然，这些工作方法只是主渠道与主阵地的冰山一角，需要强调的是，在育人过程中，遇到任何单一工作方法难以奏效的时候，必须合理学习效仿、正确有效引入"他山之石"，如此，才能使育人成效更明显，育人方法更科学。

3. 协同育人机制的对策

（1）准确理解"立德树人"的科学内涵

"立德树人"中，"立德"是树立德业，"树人"指培养人才。"立德树人"之所以将"立德"放在"树人"之前，就是强调"立德"的重要性。在高校人才培养中，"德"是总阀门，是人的综合素质的灵魂。没有"德"，人就会失去灵魂、失去方向。"立德树人"强调的是育人为本、德育先行的理念，要将思想上的"立德"作为前提，同时也不要忘了"立德"的根本目的是为了"树人"。在教育教学的时候，要充分重视学生作为教育主体的作用，激发出学生社会主义事业的建设者和接班人的意识，做到德育与才能相统一，从而成为一个健全的人。

（2）促进各课程间教育内容相互衔接

在思想政治育人过程中，各课程教育内容必须相互衔接，既各有侧重，又有效统一。理论内容讲授必须结合实际，要针对当代高校学生在日常生活中遇到的一些时事困惑、认识偏差、行动误区进行合理的课程设计，这样才能更好地发挥课程内容学习的现实价值，真正让马克思主义理论落到高校学生的学习生活实际当中，真正做到落细、落小、落实。日常实践内容的活动开展必须强调理论指引，主题信仰教育、校园文化建设、学生社会实践等环节须从始至终贯穿理论引导、价值渗透。这样一来，活动开展的理论和现实意义才能更加具有叠加倍增效应，更重要的是，有助于理论学习内容的巩固和升华。

此外，思想政治理论课的深化需要专业课"课程思政"的推进，两者相辅相成才能得到显著的立德树人的教育效果。这就要求"课程思政"一方面应当实现对于专业课、综合素养课等非思政课程的思想政治价值引领；另一方面，也要使专业课、综合素养课等非思政课程积极为思想政治理论课提供学术资源和学科支撑，将两者紧密联系在一起。

（3）加强教师间的协同合作

思政课程和"课程思政"协同发展并不仅仅是为了实现在课堂中进行思想政治的教学。因此要构建育人共同体，主要的方法是把专业课、思政课的老师、辅导员及相关的部门人员组织在一起，创建一个能够互助互补、将优势最大化的育人共同体。育人共同体中的每个部分都要承担各自的职能，从而实现育人的目标，实现学生的全面发展。

例如专业课老师主要是实现思想政治教育的渗入效果，思政课老师主要对学生的世界观、人生观和价值观进行指引，辅导员主要负责对学生定期进行相应的心理辅导和成长、成才关怀，相关部门主要是确保以"思政课程"为核心的同向同行运行机制可以顺利地运行，帮助打造思想政治教育共同体。

第一，专业课程教师要和思想政治理论课教师合作。专业课程教师和思想政治理论课教师都是高校学生思想政治教育中不可或缺的组成部分，这两者之间本来就是互相合作和互相补充的关系。两者之间的合作一方面能够推动专业课"课程思政"的发展，另一方面，还能够促进思想政治理论机制的重新创立和创新。而且，这两者的合作还能够促进学校教学材料的研发、专业性"课程思政"专项材料的研发、思想政治教育实际工作平台系统的研发等。

第二，要按照教学工作状况，形成互相联动及合作的关系。思想政治理论课程及专业课老师都开始以教学方案规划、教学行动实践措施等为基础开展合作，在此过程中要注重高校思政课程知识体系的内在整合，优化课程资源配置，促进优质资源共建共享、有机融合，推动实现课程组集体备课、互听互评、师生协作、专题教学。一方面能够推动专业课"课程思政"教学的深层次发展，另一方面还能增加思想政治教育形态体系的具体内容。在教学结束后进行的合作反省思考，有利于两者完善后期的教学计划，改善课程机制和具体内容。

第三，根据老师的专业学识素养，形成互动合作的状态。两者之间所形成的互动合作形态，在思想政治理论老师看来，可以加强科学文化内涵、拓宽知识范畴、优化知识逻辑，有利于教学计划的进行。在专业课程中融入思想政治教育，显而易见地可以加强思想政治理论教师在知识及经验方面水准。从专业课程教师的角度来看，伙伴性质的合作方式一方面可以加强他们的思想道德政治水准,另一方面还可以补足他们的教学规划机制,改善教学水准形态。促使教师就结合自身的专业特长和优势,选择适合讲、能讲好的教学内容,实现个人专长与教学内容、教学方法等相互匹配、相得益彰。这样,就避免了教学内容和形式简单化一的模式,使思政课顺应时代发展潮流,更加贴近生活、贴近学生,以激起学生知识兴趣和学习热情。

(二) 完善教学评价机制

1. 评价标准

关注于定性评价,并非只是定量评价。而且,思想政治水准的进步需要一个过程,评价需要重视过程而非仅仅关注于最终结果,要关注对于评析的阐述而并不是分值。除此之外,评价过程中要尊重发展的规定,也就是重视学生纵向的变化,尽量少和他人进行对比。过程阶段的评价、定性评价、发展变化评价才是两者评价的主要标准。

2. 评价的指标和方式

所有课程都必定拥有它对应的思想政治教育诉求,具体分为如下三种:情感、态度、价值观。单论情感,就能做出如下分类:学习积极性、学科自信程度、勇于怀疑的勇气、合作和讨论的需求、课程历史观念等。如果通过"学生访谈"的形式来验证除思政课程之外的"课程思政"的育人效用成果;通过"同一行业听课""不同学科老师交叉听课"的评价形式来验证除思政课程之外的"课程思政"的专业性成果。要深层次发展年终考试评估规定的改革,加入价值观监控测量点,加强思想政治教育内容评价的重要性,验证除思政课程之外其他课程"课程思政"的综合成效。要判断"思政元素"带入的内容是不是精准、带入形式是不是合适、带入作用是不是存在实效特性;判断学生在接受教育阶段中,是不是拥有"正能量"的体会。要站在全方位、多个水平的角度来推动"课程思政"教学成效的评价,由原来唯一的一种专业效果评价转变为人文标准、价值观、社会责任感等多方面的评价拓展。要建立"课程思政"档案袋,如果是有关于思想政治教育的阶段,那么可以使用纸质文档进行储存,方便用来评价。

3. 评价主体多元化

具体可分为高校管理者、课程实施主体、学生、辅导员、家庭及用人单位六类主体。高校管理者主要是负责统筹规划，监督调控校级、院级管理者，对当前现状进行检查、监督，同时对不同阶段的建设成果进行评价和指导；课程实施主体是高校各专业教师，是"课程思政"的一线建设者，其评价具有重要的参考性；家庭是学生除学校外，生活较多地另一个场所，而且家庭成员对学生的道德品质、个人情感等方面的积极变化感受最深，是"评价课程思政"质量主体中不可忽视的一个。

4. 评价内容多元化

课前对教师的教学大纲、教学设计、教学态度等方面进行考查，评判此课程的可行性和效果；课中对教师的教学方法、课程思政切入点、专业知识与思政元素融合程度进行考量；课后将学生评价、督导评课及领导、思政课教师、同行评课和建议纳入到考核当中。

此外，还应对大学生知识、能力和价值等方面的提升考核评价。课程教学的成效最终是通过对大学生的知识、能力和价值的考核进行呈现，因此这是考核中的重要环节、也是最难的环节。

5. 评价的实用

评价最为重要的阶段是结果的实用性。站在思想政治教育的角度来看，结果的实用性往往要比评价结果起到的作用更大。总而言之，评价结果的实用性最直接的体现是用来完善教学、加强老师的思想政治教育水准，而且，结果还能够用于课程规划的完善、评价指标的完善、制度的补足等。

（三）加强教师队伍建设

1. 提升对思政课程与"课程思政"协同发展的认知

首先，在进行教育的过程中，必须明确教育主体同向同行的目标。"课程思政"与思政课程在高校的立德树人的本质上是一致的。学校教育在多年以前就提出了要德智体美劳共同发展。然而现实情况却是德智体美劳的发展不尽如人意。课程作为实现教育思想及教育目标的载体，对于人才的培养有着至关重要的作用。在课程中不仅包含专业知识，而且能够集中体现国家的意志及正确的价值观。学校必须在思想上积极引导教师,也必须制订行之有效的规章制度,推动课程围绕立德树人的根本任务发展。在对学生的培养过程中,不仅需要育才,更重要的是育德,只有将社会主义核心价值观落实到生活中的方方面面,才能够更好地达成上述目标,要想使整体教育功能达到最优,那么必须要传播正能量。

其次,要向专业课的老师深入传输思政课程与"课程思政"同向而行的含义和意义。一方面提升专业课老师本身对这两者之间的认知,避免出现混淆,另一方面便是在消除认知模糊的基础上,让专业课老师意识到在专业课教学的过程中融入思想政治教育不会干扰到正常的教育活动,反而两者相辅相成会提高教学的质量,提高学生对知识点的接受程度,达到"1+1>2"的效果。

最后,只有当专业课老师意识到了"课程思政"对于开展教学的重要性,才能让专业课老师主动探寻"课程思政"和思政课程同向而行的方法,研读原有的教材,汇入新的思想,从而转变原有的教学模式,用寓教于乐的方式促使专业课和思想政治教育的有机结合,同时也促进了思想政治教育的发展。换一句话说,教师要发挥自己的主动性,将思想政治教育融入课程教学中,改变原有的教育模式和态度,激发教学激情。

2. 提升专业课教师的思想政治素养

高校要实现"课程思政"与思政课程的共同进步。相比于"授业","传道"才是所有教师最为根本的责任,教师的责任心与其能够获得的成绩成正比,若立足于高校治理层面进行分析,教师应主动意识到两者协同发展的重要性,学校也应为其制订专门的制度配合执行。除此之外,高校不仅需要重视专业课教学的安排,也需要求教师在课堂内安排相关思想政治教育内容,以此帮助教师意识到思想政治教育的重要性,为提升高校教师思想政治素养提供有利条件。

对教师而言,最根本的就是要掌握思想政治教育体系的内容,必须提升自己的专业业务能力和思想政治素养。可以借助伙伴式学习、常态化培训等方式加深自身对思想政治内容的掌握,了解其深层含义,从而使自己拥有思想政治教育的各项技能,只有保证自身拥有这些技能,才能够将思想政治教育融入专业课程的教学中。另,通过专题讲座的方式,讲解和学习党的最新理论成果,加强教师队伍的理论素养,能够"润物细无声"地引导学生树立正确的政治方向、明辨是非，成为传播知识与传播思想文化相结合的真正教师。思想政治教育往往具备明确的规则，虽然其具有一定的人文性与生动性，但其严肃性也是至关重要的。高校教师要想真正掌握这项技能，将其灵活地穿插至课堂教学中，就必须深入了解其各项规则与要求。要培养对接意识，使教师学会如何实现专业课程和思想政治教育的转换。

（四）改进课程教育教学方法

高校要想实现思政课程与"课程思政"共同进步、加强专业课思政育人的效果、达成思想政治教育最终目标，还需调整教学方案，修改不恰当的内容、拓展更多的教学手段。

1. 教学内容方面

第一，制订科学的人才培养方案，排查教学大纲中的漏洞，完善课堂教学管理体系，明确各项管理制度，为"课程思政"建立统一的规范体系。第二，注重教材、制度的完善，将课堂教学作为思想政治教育活动开展的主要场所。使学生在专业课程学习的同时也能接受到思想政治教育。

2. 教学方式方面

思政课程与"课程思政"的协同发展主要以课堂教学为依托，这就要求教师提高创新教学方法的能力，要针对不同内容、不同问题采用不同形式的教学方法。

可以将专业知识技能与开展育人工作的"思政元素"结合起来，形成以专业知识为主，"思政元素"为辅的教学形式。这种教学方式不仅能够展现该专业的突出特点及需求，也可以充分地体现教师在教学过程中"正能量"的思想教育。此教学方式主要依据思想政治工作规律、教书育人规律、学生成长规律的规则和"知识迁移"的方式来执行。并根据该专业课程的突出特点，使用"集体备课"的方式，一起探讨该门课程的"思政元素"，充分展现"整体课堂观"。就目前而言，这种教学方式已经在英语课中的中西文化差异和文化自信的联系、医学课堂中的人文关怀和思想道德教育的联系，以及国家的形势与政策课堂中的爱国主义思想教育等方面很好地体现出来，它不仅寻找到了联动点，同时也很好地结合了该专业的专业技能。

在教学过程中，教师可以采用以基础教学为主、创新教课为辅的课程设计，并在两者之间找到"润物细无声"的切入点，使教学实现从理论到实践的转变。具体的实现是在第一课堂中学习其理论知识，然后在第二课堂上将上次课堂学习的理论知识投入到实践当中，从而检验理论课堂的教学效果。这种课程设计有利于显性教育和隐性教育的结合，充分体现了该专业课程的"思政元素"。

一方面，教师在教学过程中也需要给予学生参与实践的机会。实践经验不仅可以将思想政治教育结合到课堂教学中，同时它也是反映教学成果的最好方式。因此教师应该整合校内外教育资源，在校内以思政教育为目的，以高校学生会为依托，举办校园实践活动；还要走出校园，让学生走入课外实践队伍、走入大众日常的生活社交圈、走入课外网络课堂等，拓宽课堂教学的方式，使学生能够将课堂内外知识融会贯通；还要积极推动高校与政府、企业、乡村、社区、社会组织之间协同配合，满足支持学生的实践发展、社会发展和创新创业的要求。另一方面，应当加强社会实践基地的建设，将校内外的实践教学资源整合在一起，形成多主体开发实践教学内容的格局。这种方式在激励学生实现远大抱负的过程中得到了充分的体现。实践探索的指引方向是大思政育人，实践方法是参加志愿活动，实践内容是建立多个满足思想政治实践学分标准和服务性学习的教学基地，不断地增加参与实践的机会，并创建成立一个结合课堂知识教学的实践教学成绩单。

（五）加强制度保障

站在高校高层的角度来看，要创建把思想政治教育融入管理过程中的观念培养机制。一方面要制订相应的理论及政策学习体系，进而加强管理层的思想观念，另一方面还要完善听课机制、督导机制等管理体系，把理论观念融入到真正的教学实践中。

因此，首先，要建立党委领导、行政推动的联动协调机制。以教育资源"整合力"提升课程育人"战斗力"。要明确部门思政责任、细化思政工作任务，把各方面力量凝聚起来，用心、用情推动课程育人工作。其次，要健全责任落实制度。部门执行要准，教师站位要高，大到课程体系，小到教材章节体系，都要找准专业知识与思政知识的连接点，融入思想政治教育内容。最后，要完善督导评价机制，做好协同育人评估监测。督导评价机制是课程育人的指挥棒和导向仪，是高校思想政治教育质量稳步提升的重要保障。

（六）建立系统联动考核机制

系统联动考核机制包括系统联动机制和系统联动考核机制两部分。一方面要建立教育部、部属高校、教育厅、省属高校、教务处和马克思主义学院的系统联动实践机制，学习习近平总书记的系列讲话精神，落实、落地国家相关课程思政的文件规定，建章立制"课程思政"实施计划，确保"课程思政"在全部高校开齐开满，不落下任何一门课程，不丢掉任何一个学生。另一方面，要对系统联动机制进行考核，建构系统联动考核机制，从上到下、从下到上进行评估检查，明确每一个环节的主体责任，落实每一个环节的主体工作内容，权责明晰、奖惩有序，从体制机制的角度为"课程思政"和思政课程的协同发展提供最坚实的保障。

（七）健全激励机制

各高校要尽快建立教师激励机制，最大限度地激发教师的创造活力。

第一，制订合理的激励机制。机制的制订要综合考虑，制订出内容全面的、有关各类教师的考核评分细则。激励机制的制订不能过于苛刻、难操作，否则在探索建设阶段容易打击教师的积极性；要富有弹性，既能鼓励各位教师参与到两者协同发展中来，又能激励各专业课教师积极探索适合各自学科的"课程思政"之路。

第二，设立协同发展成果奖。思政课程的发展建设要靠教师的教学实施才能将理论变成现实，各高校要根据实际情况设定相应教学成果奖，并给予一定的奖励和成果宣传展示，激励教师纷纷投入到该建设中。同时，也要重视"课程思政"教材的开发，设立教材奖。

第五章 新时期思政课实践教学的发展

思政课程，要想实现长久良性的发展，就要做到理论和实践的统一。本章分为三个小节，第一节主要阐述思政课实践教学概述，第二节对思政课实践教学的现状做了分析，第三节探讨了高校思政课实践教学模式。

第一节 思政课实践教学概述

一、思政课实践教学的内涵

思政课实践教学，顾名思义就是在思政课理论教学全部完成的前提下，通过各种形式的具体实践途径，让学生进行体验和反思，对思政课课堂所学理论知识进行消化、吸收，进而内化为学生自己的理念和价值观，外化为学生的具体行为，真正实现学以致用，同时帮助学生形成和树立马克思主义的世界观和方法论，成为优秀的新时代建设者和接班人。思政课实践教学是理论课教学的延伸和拓展，是提高思政课教学实效性的突破口，也是提高高校学生职业素养的重要途径。其已成为高校教育教学的重要组成部分和特色项目。

思政课实践教学是思政课的一种教学形式，并不拘泥于某一种方式，而是多种不同方式的组合或者说结合。具体来说就是思政课内实践、校内社会实践和校外社会实践三种实践方式的结合。

思政课内实践是指思政课教师组织学生在课堂上开展诸如主题辩论、演讲、历史情景剧等活动，让学生运用思政课上所学的理论知识对某一个具体问题进行分析，提升学生对生活、对问题的思辨能力和有效解决问题的能力。

校内社会实践是指在高等院校校内通过各类社团组织或者与学校各个部门合作，如图书馆、团委等，在校内开展各种类型的校园文化、宿舍文化、班级文化和社团文化建设活动，让学生在学校的集体活动中，提升团队意识和协作能力，提高自身的综合素养。

校外社会实践是指学生利用课余时间或者寒暑假，在校外进行志愿服务、社会调研、义务劳动、岗位见习、参观访问等活动，了解群众的冷暖疾苦，体察社情、民情，让学生在社会参与中加深对社会的认识了解和情感体验，激发学生爱祖国、爱家乡的热情，培养和增强学生的社会责任感。

二、思政课实践教学的目的

第一，进一步巩固思政课课堂上所学的理论知识，初步掌握运用理论有效地解决实际问题的能力。

第二，培养和锻炼高校学生独立、严谨地进行社会调查工作的能力。

第三，培养高校学生收集、分析我国各行业改革开放以来的重大变化，并运用马克思主义哲学方法有效地解决实际问题的能力。

第四，激发学生爱祖国、爱家乡、爱社会的热情，增强其社会责任感。

三、思政课实践教学的意义

思想政治理论课实践教学是思想政治理论课课程建设的重要组成部分，是高校学生对思想政治理论课的综合实践过程。思想政治理论课实践教学的实施，有助于加深学生对马克思主义理论课程教学内容的理解，增强学生对中国特色社会主义理论和党的路线、方针、政策的把握，提高学生用中国化的马克思主义原理、观点、方法有效解决思想认识问题和社会存在的各种实际问题的能力；有助于提高学生的修养和品质，使学生各方面的能力都能得到进一步的提高；有助于学生增强热爱祖国、热爱社会主义的信念和振兴中华的责任感和使命感。

(一) 有利于培养高素质技能型人才

思政课实践教学更多的是校内外具体社会活动的参与。具体来说，思政课的实践教学能够让高校学生参与社会活动，真实体察社会生活，在社会生活中领会和感悟国家政策、方针的重要性，了解人民渴望喜乐安康的真实诉求，进而提升自身的政治素质、思想道德素质和法律素质。同时，增强自身的职业素养与职业技能，真正成为对国家、对社会、对工作有用的高素质技能型人才。

(二) 有利于提高思政课教育实效性

长期以来，传统的思想政治理论课教学偏重课堂理论灌输，忽视学生的个体感受和体验，注重意识形态的普遍要求，忽视学生个体的切实需要。导致学生对思想政治理论教育缺乏兴趣，教育效果不甚理想。开设思想政治理论实践课，弥补了传统教学的不足。由于实践教学重视学生的参与、体验和思考，通过丰富多彩和学生喜闻乐见的实践活动载体，使学生在实践中把握当代中国马克思主义的精神实质，提高其学习思想政治理论课的热情，让其自觉投身到中国特色社会主义建设事业的伟大实践之中。

(三) 有利于推动思政课的教学改革与创新

思政课是实践性非常强的一门课。思政课实践教学不是一成不变的，而是要根据时代的发展及学生群体特点的变化来适时地进行调整。这一调整本身就意味着要不断地对思政课的教学环节进行改革和完善，不断创新教学的方式方法，尤其是实践教学环节的教学方式和方法。实践教学环节是与社会实际与时代发展紧密结合的，必须以当代学生最能接受、最愿意接受的方式来呈现，这样才能激发学生参与实践的兴趣和热情，保障教学效果的同时推动思政课的教学改革与创新，真正让思政课有温度、接地气，而不只是理论的输出。

(四) 促进"中国梦"由梦想转为现实

要想让"中国梦"从梦想转化成为现实，就要求高校学生能够培育与践行核心价值观，并将思想理念内化成为实际行动，自觉规范思想与行为。高校要加强对学生的价值观指引，使他们能够主动自觉地进行价值观的学习，真正将其深植于内心当中，并成为个人的自觉行动；要将课内与课外联系成一个不可分割的整体，使学生不仅能够在课堂上学习理论，扎实理论基础，还能够在课外主动投入实践活动，让学生的创新能力和实践能力得到尊重和锻炼，也让学生的专业素质得到科学化的培养，让他们能够在践行"中国梦"的过程中拥有巨大的动力与活力。

第二节　思政课实践教学的现状

一、目前思政课实践教学取得的成绩

思政课实践教学是高校思想政治教育的重要环节，也是薄弱环节。近两年来，我院基于师资力量严重不足、实践方案（路径）模糊和实践平台匮乏等思政课实践教学现状，明确提出全员参与的思政课实践教学改革，经过近两年的努力，取得了如下成绩。

思政课实践教学的参与人员，从个别师生参与拓展至全员师生参与，使思政课实践教学进一步规范化；从各门思政课程的孤立实践到所有思政课程的贯通实践，使思政课实践教学进一步系统化；思政课实践教学方案从比较模糊的课堂实践教学拓展到相对清晰的课内课外、学期假期相统一的实践教学；思政课实践教学理念不断创新，从拘泥于马克思主义学院的"小"思政课实践教学扩大到包括全校群团组织的"大"思政课实践教学。

二、思政课实践教学面临问题

（一）实践教学形式比较单一

开展思政课实践教学的最终目的是提升思政课的整体实效性。因为受到很多因素的限制，实践的形式比较单一，有些实践教学课程没能实现这样的目标。

(二) 实践教学过程难以监管

思政课实践教学还存在教学过程中难以做到严格的监督管理的问题。教师带领学生参加实践要让每位学生都跟上自己的思路，调动学生的积极性，监督并管理，使每位学生都参与到实践教学当中。这就需要教师制订一个合理的方案，严格监管实践教学中的学生。

(三) 实践教学脱离理论教学

理论和实际的关系是密不可分的，但是在实际的实践教学中，很多思政教师在理论教学当中对学生的指导有所欠缺。教学各个环节注重"牵"而非"引"，实践教学只是换了场景和地点的思想政治理论课堂教学。举例来说，如果要做一个新闻播报，那么大众化的做法是教师会让学生组成几个小组来进行这项活动。但是一旦出现学生选择的热点新闻和课程内容完全不符合，那这节课的实践课程就等于做了无用功。抑或教师在为学生做评价的时候，并没有将课程理论很好地融入进去，这也会出现事与愿违的结果。

(四) 实践教学受时空限制，不能灵活开展

思想政治课的实践教学具体来说涵盖了三种类型：第一类是在课堂实践，第二类是在校内实践，第三类是校外实践。在高职学校开展了校企合作后，校外实践有很多。但是因为思政课程的时间受到一些限制，所以在开展上还是有很多需要考虑的因素。

第三节 高校思政课实践教学模式

一、思政课实践教学模式

思政课实践教学是一个比较笼统的概念，人们一般都倾向于从两个方面来认识，一是狭义的实践教学，二是广义的实践教学。狭义的实践教学

主要是指与思政课的理论教学有着明确区别的社会实践教学形式,如田野调查、参与访问等;而广义的实践教学主要是指凡是有助于思政课教学,有助于提升学生思想政治素养与道德品质的,与实践相关的教学方式,都可以被称为思政课的实践教学。由于学生品质素养的培养与提升是一个综合且漫长的过程,需要多种方式和途径形成合力,所以在这里,主要探讨广义上的实践教学。

思政课是一门内容丰富繁杂,涉及范围又非常广泛的科目。当前我国高校的思政课具体开展的实践教学活动可能不尽相同,总体来看,当前我国思政课的实践教学模式主要有三种,分别是课堂实践教学、校园实践教学和社会实践教学。三种类型的实践教学模式相辅相成、互为补充,从而能够充分发挥思政课的教育功效。实际上,三种类型的实践教学也确实有助于高校学生道德品质与思想政治素养的提升。

(一)课堂实践教学

思政课课堂实践教学是在思政课教师的精心设计和组织之下,以思政课课堂为载体和平台,借助多种不同的形式将思政课教学内容与具体实践有机结合起来,引导学生进行思考与互动,在互动中加深对相关知识的理解与认识,进而达到提升学生思想道德素养的目的。

课堂实践教学是在课堂上创设一种情景或者设计一个环节,让学生亲身参与的实践教学模式,这种实践教学模式能够将课堂上教师的理论讲授与学生的亲身实践紧密结合起来,当堂讲授、当堂练习,可以加深学生对教师讲授内容的思考与认识。我国的思政课具有鲜明的理论性和政治性,而这样的特点往往会让课程在讲授时略显枯燥,而且对于"00后"的高校学生来说,他们对于过去几十年甚至上百年的历史事件比较陌生,而课堂实践教学模式则能有效降低思政课抽象与枯燥的程度。

课堂实践教学通常包括课堂辩论、焦点论坛、小组讨论、案例分析、影像展播、情景模拟等,这些课堂实践教学模式能够把相对抽象、枯燥的理论或历史久远的事实通过课堂的某一个环节重新展现出来,也能让学生对思政课的相关知识有更为直观、具体的认识。同时,课堂实践教学能够有效激发学生课堂学习的主体性与自主性,培养学生的思辨能力。

1. 分享会

当前,我们身处互联网时代,互联网时代最为鲜明的特点就是人们获取信息日益便捷、多元,人们每天都可以接收到海量的信息。但是每一个人的关注点不一样,这又导致每个人接收的信息量虽然大,但信息内容却各不相同。在思政课课堂上设置分享会这一课堂实践教学形式,就是要达到两方面的目的:一方面是让学生把自己在网络和生活中获取的海量信息通过课堂这一平台进行交换,拓宽学生的视野,丰富学生的信息储备和知识;另一方面是引导学生正确、有效地使用互联网,避免学生陷入无聊低俗的影视、游戏作品中不能自拔,避免学生整日被海量的信息淹没却无所收获。

通过分享会这一课堂实践教学形式,思政课教师能够快速地了解自己所教的学生目前关注什么,他们的兴趣点在哪里,教学时选取什么案例能够引起学生的兴趣,提高教学效果。与此同时,分享会这种课堂实践教学形式也有助于学生将自己碎片化的阅读加以整理。因为高校思政课中每节课都会有分享会这一形式,这就需要学生拿出能和同学分享的素材,而且必须对分享内容有所思考。这样日积月累,将有助于培养学生思考的习惯,而且还能让学生做一个生活的有心人,善于发现、善于思考、敢讲真话,从而获得更多关于人性、道德、法律、国家、社会等方面的感悟和体会。

分享会这一课堂实践教学形式看似普通,实则意义非凡,很多课程的课堂实践教学中都会使用,特别是在旨在改变学生思想与行为的思政课上。一则它为广大高校学生提供了一个在课堂上相互交流的平台,有助于高校学生做一个生活的有心人,使其善于阅读、善于发现、善于思考、善于利用自己碎片化的时间;二则它为思政课教师了解学生的思想和生活动态,以及学生的关注点、兴趣点提供了一个窗口,有助于教师在日后教学中选取的教学案例,既符合时代特点又能激发学生的学习兴趣,可以有效提升思政课的教学效果。

以"思想道德修养和法律基础"中"人生的青春之问"这一章的教学为例,来说明分享会的设计思路、注意事项等。

(1) 设计思路

在"人生的青春之问"的教学过程中,首先可以设计"分享会"这一实践教学环节,以"我关于人生、世界的见闻与感悟"为题,在思政课课堂上开展此实践教学活动。用学生在生活中的所见、所闻、所感来引入

"思想道德修养和法律基础"课中关于世界观、人生观和价值观的内容，培养学生树立正确的"三观"，以一种积极、昂扬的精神面貌来面对自己刚刚迎来的高校生涯，以务实、乐观、认真的态度来度过自己的人生。

①选题目的。"人生的青春之问"这一章实际上是对学生关于人生、世界和价值的认识和理解，它不同于某一个具体知识的学习，并不要求学生学习必须达到一致的准确理解。通过学生课堂分享这一具体实践，可以让高校学生认识和了解到大千世界、芸芸众生，不同的人对于世界、人生和价值的看法也各不相同。虽然人的世界观、人生观和价值观不能整齐划一，但是在众多不同的观点、看法之中，个体也好，社会也罢，必须得有一个公众都认同且能达成共识的认识和理念。只有在这一核心价值理念或者基本价值观的引领之下，充分尊重每一个个体的个体价值观，才能真正实现帮助当代高校学生树立正确的世界观、人生观和价值，走好自己的人生之路的目的。

②实践要求。"思想道德修养和法律基础"课程开始的第一节课，即进行分享会实践环节的任务安排。学生以个人为单位进行分享，教师根据班级容量安排每一节参与课堂分享的学生人数及名单，并提前一周告知下节课参与分享的学生，让学生在心理上有所准备。

学生分享的内容可以是自己读过的一本书，看过的一部影视作品，或者是自己近期看到的有所感悟的文章或者事件，还可以是自己亲身经历的有启发和教育意义的事情。总之，内容来源不拘一格，但是所分享的内容的主旨必须是对当代高校学生未来的人生发展、价值取向等有启迪与教育意义。为了保证分享质量，让班级的其他同学都能印象深刻，进行分享的同学需要把自己分享的内容制作成PPT，图文并茂地呈现自己所要分享的内容，并结合"思想道德修养与法律基础"课堂所学内容再进行分析和阐释，在有感性体验的同时，不断提升自己的理性认知。

③活动评价。评价主体由思政课教师和3位本班同学共同担任，主要评价的指标有分享人的语言表达、PPT制作质量或媒体技术运用、分享内容的时代性与启发性，以及学生对分享内容的理论分析能力等。

（2）注意事项

分享会应该提前一周告诉学生准备，要求学生要做有准备的分享，而不是课堂随机分享一段感受。有充分准备的分享就是要一则分享的内容是真实发生或者自己的亲身经历、感受的事件，不能是随意虚构的，否则分享就失去了意义；二则应该尽量运用"思想道德修养与法律基础"课上所学内容和理论，对分享的事件进行分析，将课堂所学理论与现实生活中的实际相结合，这才是思政课上分享会这一环节的意义之所在。

分享会不仅要分享，还要有点评，应该是一个信息在师生之间、学生之间彼此输出输入不断交换的过程，倘若只是学生个体上台分享，没有任何反馈，久而久之分享的学生便感受不到分享带来的共鸣与乐趣，分享就会变成负担甚至是应付。

分享会作为一种独立的课堂实践教学形式，必须有严格的要求，要让学生对分享有一种仪式感。这样学生才会精心选择自己要跟大家分享的内容，精心制作自己分享时用以呈现自己思想和内容的PPT或者视频，调动自己的各方面才能，如素材搜集、视频剪辑、旁白配音等，用认真的态度去对待每一次课堂实践。课堂分享的过程中，教师要做好相关安排，捕捉台上分享同学的精彩瞬间，将每一位同学在分享时的精彩表现结集成册，在学期末最后一节课放映给全班同学欣赏，让大家感受到用心做一件事情时的自己是最美的。

分享的内容要让我们看到不同的人不同的行为，也反映出不同的人生观和价值观。思政课教师要带领学生分析不同的人生观与价值观的特征，各类人群未来在社会中的发展，以及一个国家、社会的发展对于国民、公民的基本要求，进而引导学生正确看待社会中存在的不同的人生观和世界观，树立正确的人生观、价值观。

（3）总结思考

分享会这一课堂实践教学形式的设计，其目的不是为了分享而分享，而是希望通过分享会这一载体和平台，让学生充分利用自己课余碎片化的阅读时间，去观察和感受生活中的人和事，使其善于发现问题，勤于思考，并将经过自己深入思考和精心设计的内容与同学、老师分享、互动，在思想的碰撞过程中加深对所学理论的认识，加深对自我、他人和世界的认识。

分享本身也是一种共享的理念。在共享的时代，高校学生应该通过课堂分享会培养自己的共享意识，同时也深刻感知共享给个体、社会带来的益处。虽然现在资讯非常发达，但是每一个人还是有自己在认知、信息获取上的盲点,通过分享会这种形式,高校学生能够深刻体会到与人分享、共享的魅力和价值。

2. 焦点论坛

当前高校学生身处资讯异常发达的全媒体时代,足不出户即可了解全球资讯要闻,每时每刻都能轻松获得来自全球的资讯,这些信息当中既有政治方面的,如各国政党新闻事件、国家间的政治往来等;也有经济方面的,如各国经贸往来、全球经济动态等;还有文化方面的,如各类主流文化、亚文化之间的交流与碰撞等;还有生态方面的,如全球生态危机等。不同的时间段,总会有一个或者几个国内或者国际事件、话题是当时人们广泛关注的。高校学生又有着很强的好奇心和求知欲,焦点论坛理所当然成为当代高校学生喜欢的课堂实践教学形式。焦点论坛旨在引导学生关注生活、关注国内外社会热点,在关注的同时还要保持理性的认知去分析问题,进而提出具有建设性的能有效解决问题的想法或方案,培养和锻炼高校学生理性看待问题的素养和能力。思政课既要有较高的政治视野和站位,又要有理论的深度,还得接地气,让学生感兴趣、愿意学。而焦点论坛无疑能够激发学生的课堂参与热情和动力。

具体来说,焦点论坛就是在思政课的课堂教学中引入当前国内外的热点问题或者话题,让教师和学生共同就这一被人们广泛热议的焦点问题进行讨论,在师生共同讨论的过程中,教师引导学生去深入分析和思考问题。焦点论坛的"焦点"主要体现在两个方面,一个是问题本身是"焦点",另一个是让讨论成为本节课的"焦点"。问题本身是"焦点"的意思是讨论的问题本身就是当前时段内人们所广泛关注的焦点问题,也是高校学生非常关心、想要了解的事件,同时高校学生对于此事件也有着自己的看法和观点,如"霸座"现象、中美贸易摩擦事件、"一带一路"高峰论坛等。让讨论成为本节思政课的"焦点"是指,让焦点论坛环节成为课堂上高校学生能力素养提升的关键环节,让学生在具体人物事件、特定话题的讨论中,学会从多个维度思考问题,进而培养成一种良好的思维习惯,经常去思考规则制度、人性道德、权利与义务,以及一个国家的历史发展等,从而更为深刻、主动地去理解客观世界和自己的主观内在。焦点论坛中焦点的选取对于教师的要求很高,一方面教师要真正选取学生当前关注的热点、焦点,另一方面要真正将焦点论坛打造成提升学生能力素养的焦点环节。

以"思想道德修养与法律基础"中"明大德、守公德、严私德"这一章为例，展开说明焦点论坛会的实践教学设计。

(1) 设计思路

在"明大德、守公德、严私德"的教学过程当中，可以设计"焦点论坛"这一实践教学环节。大学时期是个体道德意识形成和发展的重要阶段，尤其是在这个"人人都是通讯社，人人都有麦克风"的自媒体时代，高校学生每日都可通过各种媒体途径获得全球各地的资讯信息，特别是涉及个人言行道德与社会公德的事件。焦点论坛这一形式不但可以让大家了解当前的国内外社会热点事件，而且还能了解高校学生对于热点事件的观点和看法。与此同时，在任课教师的引导下，可以帮助高校学生运用"思想道德修养与法律基础"中关于道德的内容进行分析，教育学生作为个体存在应该严守私德，作为公众中的一分子应该恪守社会公德，真正做一名道德高尚的人。

①选题目的。"明大德、守公德、严私德"这一章就是要告诉高校学生何谓道德、道德的重要作用，以及道德在个人、家庭、职业和社会等不同场合中的体现，让学生明白道德对于个体和社会发展的重要性，教会学生严守道德，不做有违道德之事，弘扬真善美，抨击假恶丑，做一个有益于家庭、社会和国家的善良之人。焦点论坛聚焦的事件或者个人也许并不是学生自己，但是透过他人的言行举止及社会对于此种行为的评价，教师可以引导学生从个体、家庭、社会等多个角度用所学的关于道德的相关知识进行理解和分析，举一反三，对同类的事件有一个更为清晰、深刻的认识。

②实践要求。焦点论坛所谈论的近期的焦点人物、事件是一定范围内的人们都普遍关注的，思政课教师选取的焦点往往是近期国人或者广大高校学生都非常关注的事件。焦点论坛往往以小组的方式进行，要求学生对所讨论的焦点事件有充分的了解，包括事件本身是什么、新闻媒体对于事件的报道怎样、我们小组的观点是什么。而作为任课教师，既要知道学生对于某热点事件的看法观点是否一致，又要能够透过事件的表象看到事件背后反映的本质，引导学生对某一问题进行深入、全面的分析，由感性认识上升到理性认识。

③活动评价。评价主体由思政课教师与学生共同担任，学生评委由学生民主推选产生，每个小组推选出一名学生评委。主要评价的指标有：讨论是否紧扣焦点事件、讨论的核心观点是否正确、讨论过程中是否有像人身攻击等不礼貌行为、是否结合"思想道德修养与法律基础"所学知识对所讨论的焦点进行了分析等。

（2）注意事项

焦点讨论要求教师选取焦点事件时要有针对性。例如，"霸座"事件之所以成为被选取的焦点，一方面是因为它是近期社会、网络热议的事件，人们都非常关注此事件，而且人人对此都有话说，把它引入思政课课堂上，高校学生也比较熟悉，而且有很多想法、观点想要表达；另一方面是因为"霸座"事件本身就是当事人自身道德素养低下的一种体现，同时也是对社会公德的破坏，在当前这个公共生活日益发达的社会环境之下，不遵守社会公德的行为带给社会的影响越来越大，也越来越受到社会公众的关注，讨论此事件能够激发高校学生的思考。

焦点讨论的过程中，经常会有一些消极的、负面的事件出现或者被提及，思政课教师应该注意。一方面，不能回避这些事件，因为回避对事件的分析，只会让有偏见和认识误区的学生更加坚信自己偏激的观点，更难改变对社会、对国家产生的不理解。另一方面，思政课教师要进行正确的分析和有效的引导，引导高校学生意识到任何国家、社会都会出现这样、那样的问题，不能只看到不好的一面，而选择性地忽略其好的一面，要重点引导学生通过分析不好的人和事，建立一种积极、正向、理性的认知。

焦点论坛只是思政课上的一个组成部分，要求教师控制好讨论的时间，既要让学生在焦点论坛的环节有所收获，又要合理安排好课堂的教学进程，不能让讨论占据整节课堂，因为讨论只是一个载体、途径。对道德的深入、全面的认知进而变成自己今后的行为，才是焦点论坛的教学目的。

焦点论坛环节要求学生遵守讨论的规则，不能有人身攻击等不文明的行为出现。同时在讨论此焦点事件的时候既要能够就事论事，分析所讨论焦点事件的原委，又要能够举一反三，思考并列举出现实生活中存在的各种不讲道德、有损公德、破坏秩序的行为，增强大家对不道德行为的直观感知和印象。

焦点论坛以小组为单位进行，但是要注意小组内部前期的讨论，一方面要充分发扬民主，让小组的每一个成员都有机会发言；另一方面被推选出的代表小组参加班级讨论的同学必须充分总结并代表本小组成员的观点，不能以偏概全，更不能只发表自己个人的观点而漠视其他同学的观点。

（3）总结思考

不同的时间段会有不同的社会焦点产生，这些焦点中既有积极、正向，充满正能量的事件，也有消极、颓废，挑战社会道德底线的恶性事件。思政课上焦点论坛这一实践教学环节，就是要培养学生对于某一重要的热点问题进行理性思考、分析的能力。同时在一节完整的思政课上让学生感受到课堂的焦点环节对自己启发很多，自己也收获很多，让自身的学习有获得感。

焦点论坛本身也是激发学生思考的一种非常好的方式。讨论意味着表达，而表达必须有思考的过程，要想表达得好，就必须有一个缜密的思考过程。因此，焦点论坛看似是对某一个热点问题、事件的讨论，实则也是对学生思考能力的培养和锻炼。

3. 课堂辩论

当代高校学生热情奔放，愿意表达自我，也喜欢通过与他人辩论来表达自己和证明自己。辩论这一形式既符合当代高校学生的特点，广受高校学生的喜爱，又能够有效提升高校学生的口头表达能力、随机应变能力和理性思辨能力，还能帮助学生不断扩展和深化自己所学知识，一举多得，是一种非常好的课堂实践教学形式。与此同时，教师一方面需要选取合适的辩题，即辩题既要能激发高校学生的兴趣，又要有一定的难度和挑战性，需要学生搜集、查找大量的资料去佐证和支持自己的观点；另一方面，在辩论过程中也需要教师对辩论的方向和进程进行有效的引导，让辩论在一种和谐的氛围中有序进行。

思政课中运用课堂辩论就是思政课教师结合教学内容在适当的时机选取适当的辩题，让高校学生在课堂上发表自己的观点，对不同观点进行辩驳，通过辩论这一活泼的课堂实践形式，让学生对某个问题有更为全面、深刻的认知。需要注意的是，课堂辩论中，辩题设置要能更好地体现教学内容和实现教育目的。高校思政课的教学内容涉及道德、法律、历史、政治、社会等多方面，具有注重理论、关注现实、联系历史的特点。其中既有一些关键性的重点问题，也有一些抽象性的难点问题，把这些重要问题和难点问题设置成辩题让学生进行辩论，能很好地突出教学重点和突破教学难点，从而能很好地带动整体教学以实现教学目标。

课堂辩论从表面看只是课堂上几十分钟的双方辩论，实际上却是对学生多方面能力的综合考查。在准备辩论之时，双方辩手要查找大量的资料，既要有佐证己方观点的资料，又要有辩驳对方观点的资料，同时还需要双方辩手内部合理分工、有效协作，发挥每个人的最大优势。在具体展开辩论之时，双方辩手需要高度集中注意力，随机应变，恰当表达自己、辩驳对方，同时还要注重辩论的礼仪，做到有理有节。真理越辩越明，辩论这一思政课课堂实践教学形式有助于高校学生在辩论当中，不断重新认识和修正自己的价值理念，进一步明确自己的人生理想与信仰。

激烈的辩论比赛结束后，学生会各有看法甚至疑惑，"不愤不启，不悱不发"，教师应抓住这一有利时机，通过对辩论赛的点评，引导学生巩固所学知识和形成正确观点，实现预定的教学目标。

4. 角色扮演

人是社会性的动物，每个人都需要和社会中的其他人发生联系，同时也只有在与他人的合作中才能实现自己的人生价值。当前的高校学生是一个有思想、有个性的群体，他们渴望展现自我，得到他人、社会的认可，但是其生活的特有的时代背景，导致其大部分都是独生子女，因此，在其家庭生活中缺乏与同辈互动协作的经历，这也导致这一代人普遍存在不同程度的以自我为中心的性格特点。然而，现实的社会生活却是一个需要彼此协作方能成就你我的场域，因此，懂得换位思考，能够理解、包容、合作是当代高校学生未来发展的必备品质，也是思政课在高校人才培养方面的重要目标。广大高校学生在成为社会的栋梁之前首先要成为一个有思想、有道德的青年，成为一个能够与他人良好沟通、互动、协作的青年。

角色扮演的实践效果历来都非常显著，深得思政课教师与学生的喜爱与认可。角色扮演最主要的目的有两个，一方面，要让学生用自己所扮演角色的思维去思考，去行动，去揣摩自己所扮演的角色本人是怎么想的，他应该怎么做，他为什么会这样做；另一方面，通过角色扮演，高校学生也能感受到面对他人对待自己的某种态度时，自己的感受是什么样的，而这种态度可能是自己曾经用来对待别人的。角色扮演在思政课教师的精心设计之下，能够让高校学生通过扮演不同的角色来获得不同的感受，对他人、对事物有一个更为真实、全面的认知。

角色扮演就是在思政课上教师根据教学需要设计一个情景，情景要真实、具体，让学生身临其境，真实体会不同情景之下人的感受、思想与行为，从而对某个问题或者某种理念有一个科学、全面的感知和认识。在思政课教学过程中，尤其是"思想道德修养和法律基础"这门课的教学中，涉及很多关于人生观、价值观、理想道德、法律规则等方面的内容需要给高校学生讲述。然而仅仅依靠教师的讲授往往难以达到让学生感同身受，进而学会换位思考、理解他人的目的，但角色扮演却能以一个全新的视角和方式帮助高校学生对某个问题，对某些人的理念、行为有一个全新的理解和认识，走出之前的认识误区或者发现自己在认识上的盲点，还能通过真实的情景模拟和具体角色的扮演更深刻地感受此时、此地、此人、此景，理解所扮演的角色的感受与行为，做一个有情感、有情怀、有理性的青年人。

以"思想道德修养和法律基础"中"明大德、守公德、严私德"这一章为例，展开角色扮演的实践教学设计。

（1）设计思路

在这一章的教学过程当中，职业道德、家庭美德及社会公德是当代青年处理好与同事、家人、社会之关系的重要媒介。在单位如何与同事相处、在家庭中如何与家人互动、如何与他人交流都是既需要一定的道德涵养，又需要一定的沟通技巧，对个体的要求非常高。这其中最重要的是要作为一个个体能够换位思考，懂得理解他人，站在他人的角度去思考问题，理解他人的不易。换位思考说起来容易，但是做起来却非常难，而角色扮演就是一种能让扮演者深刻体验对方感受的实践教学方式，因此，在这一章设置此课堂实践教学环节非常有意义。

①选题目的。角色扮演这种实践教学形式能让高校学生在模拟的场景中进行实际练习，从而能在很大程度克服以上缺陷。同时，角色扮演的精髓就在于引导和启发人们进行换位思考，能够了解和体谅他人，感受他人的工作环境，体验他人在此时此地的真实感受，从而对他人多一份包容和谅解，对自己多一份自律和约束，进而提高当代高校学生及整个社会的道

143

德素养与水准。

②实践要求。角色扮演这一课堂实践教学形式通常至少需要两个及两个以上的学生参与，扮演某一事件中的双方或者多方角色，让学生体验理智与冲动者带给他人的不同感受。同时还可以结合高校学生所学的专业，将专业知识与思政课上所学的知识有机结合并呈现出来，让学生在具体实践中获得真实的感受和体会。例如，以法律文秘专业为例，可以以某个庭审现场为基本背景，让学生进行角色扮演，感受缺乏道德与法律意识的伤人者对被伤害者造成的严重影响。让学生一个扮演法官，一个扮演原告，一个扮演被告，还可以有原告和被告代理律师的扮演者，他们的表演基于特定的学习目的，其他学生则作为观众，按照事先确定好的各种评估标准仔细观看，并开展评论，最后对法官、当事人等的角色扮演进行评估。最后，教师要做出总结性的发言。

③活动评价。评价主体由思政课教师和本班学生共同担任，学生评委可以从进行角色扮演的学生和观众当中各选两位，让扮演者和观众分别从不同的角度对这一实践环节进行评价，并注意掌握好时间，每人3分钟，不能超时，以免影响整个课堂教学的进度。教师作为评价的主体，其主要评价指标是学生角色扮演得是否到位，对于人物言行的把握，以及学生评价是否中肯等方面。角色扮演这一课堂实践教学环节最重要的评价依据，就是学生是否在扮演和观看的过程中有所感悟和启发，对他人的处境、对社会的发展阶段有所体会，进而在未来不断更新自己的思想、修正自己的言行，努力做一个有责任、有道德、有担当的新时代的新青年。

（2）注意事项

角色扮演这一课堂实践教学的主要目的在于通过扮演不同的角色，让高校学生对自身平日的言语、情感、行为、思想有一个反思的机会，因此对于角色扮演者的要求较高。其要求扮演相应角色的学生，首先，要揣摩好所扮演角色的心理，其次，要将角色的言行逼真地表演、展现，最后，要紧密结合思政课堂的教学内容进行。

角色扮演对于教师的要求主要体现在对于表演现场及表演效果的把控上，因为一场精彩的表演能让所有学生的内心都有所震动和感受，而一场糟糕的表演则既浪费其宝贵的课堂时间，又让学生倍感失望，导致其对实践教学失去兴趣。因此，教师既要指导台上学生的表演，又要注意台下学生关注的反应，还要保证表演不能偏离思政课的教学内容，要与本节课教学想要表达的内容密切相关。

（3）总结思考

角色扮演主要是通过学生表演的形式让大家有所感悟、思考。因为学生的表演大都很青涩，所以时不时会有让大家爆笑的情节，但是绝对不能让角色扮演这一实践教学形式沦为学生一笑而过的环节。思政课教师应该积极发掘学生扮演过程中积极的一面、闪光的一面，以引发学生整体对于某一事件的思考与讨论，将表演展现的现实与思政课教学中的具体理论内容相结合，让学生感受到思政课既富有理论性的一面，又有特别贴合实际接地气的一面。

5. 学生讲堂

教师认真讲，学生仔细听，学生讲堂的优势不言而喻，能够充分调动教师的知识储备和讲授技巧，在有限的课堂教学时段内为高校学生讲授更多、更为深刻的知识与理论。但是这种教师讲、学生听的课堂教学方式也有其自身不可避免的不足，那就是不易调动学生听课与学习的积极性，尤其是在那些课堂讲授还不够生动的教师的课堂上。而当前发达的互联网与信息资讯系统又给高校学生提供了非常丰富的信息获取渠道，学生可以借助媒介获得自己想要了解的知识，加之当前高校学生又有较为强烈的表达自我的欲望，因此学生讲堂就在各个高等院校的深堂上应运而生了。

学生讲堂是帮助高校学生对思政课上某一个知识点加深认识的重要渠道，它让学生变被动听为积极查找、主动学习、认真准备、大胆讲授。因为是高校学生自己要在课堂上为大家讲授一个主题或者知识点，所以它能够激发高校学生的学习热情，也能够培养学生严谨缜密的学习和工作作风，每一位同学都力求自己讲授的论据能够支撑自己的观点，或者证明自己讲的知识点，所以对每一个小细节都会认真、细致地去求证，容不得半点马虎。台下很长时间的准备是为了登上讲台为大家讲授之时能够获得全班同学及教师的认可，这对于学生的语言表达能力又是一个锻炼和考验，也正因为如此，学生讲堂是思政课堂上非常重要的一个实践教学形式。

思政课中学生讲堂就是在思政课堂上设计一个教学环节，让学生以小组为单位，自己备课，然后再推选一名代表登上讲台为全班同学讲课，同时还要求该小组的学生回答班上其他同学在该知识点上存在的疑问及教师的提问等。这种课堂实践教学形式，一方面能够激发学生以小组为单位收集资料、准备课程的协作热情，培养和锻炼其团队精神；另一方面也有助于高校学生理解作为一名思政课教师的不易，看似很小的知识点，如果要把它讲全面、讲深刻透彻，需要花费大量的时间、精力去备课，进而懂得尊重知识、珍惜教师的劳动成果。教与学是一个相互促进的过程，这种实践教学形式为师生对于某个知识点的理解，提供了一个全新的视角，也增进了师生双方的沟通和理解，真正让思政课走入学生的心中。

进行这一教学实践，应明确提出每次学生讲堂活动的主题和重点，引导和督促学生认真读书、深入思考，写好心得笔记和发言提纲，充分做好发言和互相交流、讨论、辩论的准备。

6. 案例分析

理论的生命力源自实践，再伟大的、深刻的理论，如果不能和实践相结合，那也不能被更多人所认识。高校学生求知欲特别强，对理论知识也有很浓厚的兴趣，但是高校学生人生阅历普遍较少，缺乏经验，而单纯的理论讲授往往又不够生动、具体，特别是思政课中关于马克思主义的相关理论、中国革命战争时期形成的毛泽东思想等，高校学生往往会感觉枯燥乏味。而案例分析通过分析一个真实的案例带动高校学生收集资料，了解该案例的背景、人物、地点、时间，以及事件发生的原因、经过等，可以让高校学生不但对具体案例有一个了解，而且在分析案例的同时，对案例发生的历史背景、蕴含的具体理论有一个全面的认识。

案例分析是课堂上经常使用的一种实践教学方式，案例的选择和引入是一个需要非常谨慎、认真的步骤，需要教师花费很多心血去选择、甄别，同时案例分析对于学生来说又是非常有吸引力的一种实践。因其真实性及内容的丰富与曲折性，学生非常有兴趣去了解到底发生了什么，并通过案例的描述去思考他为什么会这么做，他这么做有何不妥，他应该怎么做，等等，在这一系列的分析和思考过程中，学生对于某个人物、某个事件就会有更进一步的认识，甚至会对照自己生活中的行为进行思考，从而产生对事物的新的认知和行为，教学效果也会非常好。

在思政课中运用案例分析就是在思政课上，就某些学生难以理解的理论或者知识点，思政课教师通过引用并分析一段真实的历史故事或者事件，来帮助学生对知识进行掌握和理解。案例分析可以用来引出某个知识点，可以用来理解某一个具体的理论，甚至可以借助某一个案例来对某段历史进行分析，但是不论案例如何被使用，它都是要服务于我们思政课的教学目标的，都是让学生深刻理解知识，同时学会用理论来分析案例或者学会从具体的案例中总结历史规律和经验，进一步深化认知。

以"思想道德修养和法律基础"中"坚定理想信念"这一章为例，展开案例分析的实践教学设计。

（1）设计思路

在"坚定理想信念"的教学过程当中，可以设计"案例分析"这一实践教学环节，以真实的案例来引导学生分析生活中他人的真实事件，感悟理想、信念对于一个人成长、成才的重要性。在意识到理想的重要性的基础上，使学生树立崇高的理想，并且在实现理想的过程中能够有坚定的信念，以一种坚韧不拔的意志来实现自己的人生理想，而且在实现自己人生理想的过程中能够与社会理想结合起来，达到在实现自我的同时造福社会的目的。

①选题目的。"坚定理想信念"这一章是要告诉学生漫漫人生路，只有激流勇进、奋力拼搏，才能实现自己的理想。然而，实现理想的道路上不可能一马平川，可能会充满了曲折、荆棘甚至很多诱惑，只有坚定的意志和信念才能实现理想，为国家和社会贡献自己的一分力量。通过课堂上的案例分析这一具体的实践，可以让高校学生认识到实现理想需要我们自己的努力。同时在实现理想的过程中总会有干扰、诱惑出现，犹如一艘船要想到达彼岸，必须穿越重重迷雾，不断辨识自己的航向，朝着灯塔的方向航行，因此，理想和信念缺一不可。案例分析中既有正面、积极的一面，也有反面、消极的一面，需要高校学生自己去辨识、分析，从而启发自己，达成所愿。

②实践要求

案例分析不同于分享会，学生可以自行选择认为对自己有启迪的人和事来分享；也不同于焦点论坛。案例分析是对某一个具体的案例进行分析，而且分析要结合自己当前学习的"坚定理想信念"这部分内容进行。为此，首先，要求思政课教师的案例选择有科学性、要合理，适合用本节课所学知识进行分析；同时要求学生要用本节思政课堂上所学知识对案例进行分析，而不是像一般讨论那样天马行空般地自由分析，因为这样就容

147

易偏离案例分析的主题,而失去了案例分析这一实践教学方式的实践价值。任何一个案例,都可以从各个角度进行分析,比如一个高校学生由品学兼优走向违法犯罪案例,既可以从社会学的视角分析,也可以从管理学的角度分析。而思政课上的案例分析希望学生从理想、信念的角度来分析,进而对学生自己的未来发展有所启发、启迪。

③活动评价

评价主体由思政课教师和本班学生共同担任,学生评委可以由学生自荐,也可以由小组推选产生,为了保证课堂整体时间把控,最多只能有3名学生担任评委。主要评价的指标有:是否结合本节思政课所学内容对案例进行分析、案例分析的时间把握、案例分析过程中学生自身观点正确与否、是否对分析案例时出现的偏激观点进行了纠正等。

(2) 注意事项

案例分析要求教师在选取案例上做到精挑细选,以期选取最佳的案例在课堂上与学生一起进行分析。一个案例如果能称得上是思政课堂上的好案例,首先,它应该紧跟时代步伐,不至于使当代高校学生一看到就产生过时、落伍的感觉,进而失去阅读的兴趣;其次,案例应该与本节课的教学内容紧密相关,因为案例是为教学服务的,偏离了教学目标和内容,再好的案例对于课堂来说也不是一个好案例;最后,案例应该具有典型性,让学生通过分析此案例,能够举一反三想到其他类似的人和事,同时也能激发学生对自己的反思。

案例分析要求教师在教学过程中就某一个案例进行阐述,具体来看,案例分析包括案例背景、案例描述、案例分析三个组成部分。作为一个案例呈现,教师必须将案例中事件发生的时间、地点、人物,事情的起因、经过和结果等信息有一个详细的阐述。同时为了引导学生从案例分析中真正有所思考和收获,还要设计不同数量的、彼此之间有着层层递进关系的问题进行提问,充分发挥案例分析这一实践教学形式的重要作用,而不是简单地阅读一下案例,草草分析一下了事。

案例分析要求学生必须对案例有全面的认识,要了解事件发生的基本背景和经过,以及案例中案主的性格特点等,在此基础上再对案例进行深刻的剖析。一方面培养学生获取完整、详细信息的能力,而不是断章取义地认识一件事、一个人;另一方面培养学生剥洋葱般层层分析事件或者人物的能力，培养其思维的缜密性，这样在将来面对某一问题的时候才能有缜密的思维去思考和分析。

案例分析要求学生运用思政课上所学的知识，对教师课堂上所提供的案例进行分析，学会运用思政课的话语体系对案例进行分析，在分析的过程中要有自己鲜明的观点，不能含糊不清、似是而非；同时在进行案例分析的过程中要注意时间的把控，组织好自己的语言，在规定的时间内，清晰地表达自己对案例的认识。

(3) 总结思考

高校学生缺乏对社会中的人和事的了解，更缺乏社会中的实践经验。案例分析是一个很好的课堂实践教学形式，它把发生在高校校园外的人和事在课堂上呈现，让学生通过案例来了解个体、了解社会、了解人与社会之间的互动。

思政课上的案例分析如同一面镜子，因为案例都是真人真事，高校学生在分析案例中主人公的言行、思维方式时，也或多或少能够发现自己身上也存在着跟案主类似的缺点和不足。案例中主人公如何改变，结局如何，都在给阅读、分析该案例的高校学生以启迪，这一点是思政课教师仅仅通过自己的讲述无法达到的效果。

7. 影像展播

当代青年身处全媒体的时代，每天都可以通过各种渠道、载体接收各种自己喜欢的、感兴趣的资讯，在众多媒介载体之中，比较受高校学生喜欢的有抖音、快手、哔哩哔哩、微信、微博等。这些媒介都有一个共同点，就是图文并茂，影像资料较多，极具视觉冲击力，能够给人以单纯口头讲授无法达到的感官冲击，这一点对高校学生能够产生较为强烈的吸引力，激发年轻人的浏览兴趣，其内容也给年轻人留下了极为深刻的印象。时间长了，他们就形成了使用这些媒介的习惯，最终成为其忠实的使用者。

在极具政治性和理论性的思政课堂上引入影像资料，能够有效避免单纯理论讲授给高校学生带来的枯燥感。同时影像资料极富视觉冲击力，能够吸引高校学生的眼球，能够激发他们观看影像资料、思考影像中所反映的现象和问题的兴趣，让他们对思政课的内容产生了解和学习的欲望。思政课教师带着这些学生的疑虑和其想要进一步了解的问题进行课堂教学，无疑能够紧紧抓住高校学生的课堂注意力，将思政课程中学生认为枯燥的理论和知识通过一种生动的方式展现出来，这有助于高校学生更好地学习思政课。

影像展播就是思政课教师根据思政课程教学的需要，在思政课的教学过程中有计划地播放一些弘扬社会正能量，体现中华民族抗争与探索历程，展现中国革命和建设过程中涌现出的优秀人物与事迹的影像资料，以期能够激发学生的爱国热情，培养学生的家国情怀和优良道德品质，有效提升思政课的教学效果。影像展播是思政课课堂实践教学的一种形式，影像资料也只是一种载体和媒介，不能完全代替课堂教学。而且影像资料中纪录片比较多，一部纪录片的时间都比较长，所以思政课堂上影像资料的播放时间也是要有严格限制，不能一节课都用来播放影像资料，而应该在有所选择、截取的基础上为学生播放优质资料。播放影像资料的目的是通过影像资料激发学生的学习兴趣，加深其对某个知识点的理解，同时通过观看后课堂提问的方式，引导学生思考并付诸行动。如果学生对课上播放的影像资料兴趣浓厚，教师可以提供影像资料的链接或者资源，让学生在课下自行观看学习。

影像展播是"毛泽东思想和中国特色社会主义理论体系概论"课程中经常被用到的一种课堂实践教学形式，它将离当代高校学生比较久远的历史事件与人物，通过具体的影像资料呈现在高校学生面前，无疑增强了这门课程的吸引力和学生对于所学知识点的关注度，同时有助于提升这门课的教学效果。

8. 专题讲座

专题讲座不同于焦点论坛，焦点论坛主要目的是让学生关注生活、关注社会、关注时政，善于发现和思考问题，引导学生从多维度思考和分析问题，学生是主体，教师是辅助，但是专题讲座则不然。专题讲座是就某一个热点问题、难点问题，邀请知名专家、学者或者对此方面有深入研究的本校教师为学生进行系统讲授，帮助学生更深入地理解该问题。这其实是对思政课课堂教学内容的一个再丰富和补充，有效弥补了思政课中经常出现的教学内容很多，但教学时间不够，很多知识点无法详细深入讲解的不足。因为对某一个热点或者难点问题的系统讲授过程本身，就会涉及很多知识点的回顾与认识，同时，专题讲座基本都是在征求学生意愿的基础上开展的,所以专题讲座的主题也往往会是社会的热点问题或者"老大难"问题。因此,专题讲座既能结合社会实际,又能从专业、学科的角度去深刻剖析当下社会存在的各种问题,还能在某一专题的讲授过程中将最新的学科前沿理论带给广大高校学生,真正将思政课与社会实际和理论前沿有机结合起来。

就思政课程中的"毛泽东思想和中国特色社会主义理论体系概论"来说,这是一门极富思想性、政治性和历史性的课程,对于其中很多知识点或者某个具体问题的理解都需要有一定的历史背景知识,而且某一个问题从产生到发展是一个逐渐演进的过程,需要历史地、系统地分析方能对它进行全面的掌握。短暂的课堂讲授显然不能满足学生对于某个知识点全面理解和掌握的需求,而专题讲授作为课堂实践教学的一种重要形式能够有效弥补这一不足。通过邀请某一方面的专家或者对此方面有深入研究的思政课教师,就某一知识点或者问题进行深入、系统的阐述,有助于高校学生真正理解某个历史时期党和国家的决策制度,同时也能联系当今时代的社会现象与问题进行分析,从而对学生有所启迪。可以说,专题讲座能够真正将思政课与社会实际和理论前沿有机结合起来,是一种非常重要的课堂实践教学形式。

(二)校园实践教学

高校校园一直以来都是思想政治理论教育的主阵地,也是当前我国意识形态传播的主阵地,其重要性不言而喻。思政课的校园实践教学就是以高校校园作为思政课实践教学的主要场域之一,以高校校园内的各类校园活动作为思政课校园实践教学的主要载体,通过丰富多彩、主题类型多样的校园活动培养高校学生的道德修养和综合能力,以提高高校学生未来适应社会、把握人生的能力。

校园实践教学旨在通过校园内丰富多彩的校园活动来加深学生对于人生、社会乃至世界的认识,这种实践教学模式比课堂实践教学模式有着更大的自由度,同时也有助于丰富学生的校园文化生活。具体来看,校园实践教学模式主要包括校内调研、图书寻访、主题演讲、主题展示、微电影制作、文明评选、校园文化节等。

校园实践教学能够充分利用校园内部的各类资源,发挥校内资源的优势，例如校内图书馆、体育馆、学生活动中心、学生宿舍等场所设施，同时还可以充分利用校内丰富的师资力量、学生资源、科研成果等。这些丰富的校内资源可以让高校学生不断拓展自己的理论知识，深化对课堂所学知识的理解。思政课是一系列既富含科学理论，同时又紧密结合社会实际的课程，既有关于几百年前资产阶级及其政党革命的理论知识，也有关于当代高校学生理想信念的阐述，还有关于近期发生的国内外大事的分析。学生可以利用校园实践教学模式的多种具体方式来加深对它们的认识，例如通过图书阅读来了解百年前资产阶级及其政党革命的知识；通过校园走访、调研来真正了解当代高校学生的理想信念状况；通过主题演讲或者展示等途径，来深入分析和理解当前国内外大事及其对我们的国家、民众的影响。校园实践教学模式可以说是一种连接学生课堂学习与自我实践的重要方式，能够有效提升思政课的教学效果。

1. 主题演讲

当代高校学生普遍具有思想丰富、视野广阔、喜欢表达自我的特点，演讲无疑能够给他们提供一个表达自我、展现自我的平台，演讲这种形式一直以来也深受高校学生的欢迎。其实，演讲不是空洞的说教，也不是社会现象的罗列，更不是人云亦云的老生常谈，而是全面、彻底、充分地表达某一个观点，并且要让听者能够理解、明白你所表述的问题或者内容，所以演讲对演讲者的综合素养要求很高。

主题演讲作为一种常见的校园实践教学方式，主要是以高校学生的演讲为载体，演讲要紧紧围绕某一个主题展开，通过对该主题的阐述帮助高校学生对该主题相关的知识点有进一步的认识。演讲的过程需要高校学生认真搜集、精心整理资料，努力分析和思辨问题，这是高校学生的一个自我教育的过程，同时也是对其理解能力、分析能力和表达能力的一次锻炼。主题演讲，演讲本身不是目的，而准备演讲过程中的一系列收集资料的过程、分析资料的过程和对资料进行总结升华的过程，才是真正锻炼高校学生的过程，也正是主题演讲的目的所在。

思政课教学实践运用主题演讲就是思政课教师根据思政课的教学需要，选取一定数量的高校学生感兴趣的、能够引发学生思考的问题或者观点作为演讲主题，在高校校园范围内广泛号召高校学生参与的演讲活动。例如在国庆节到来之际，在高校校园范围内开展"我与祖国共成长"的主题演讲活动,每一个高校学生都有自己成长的独特经历,同时每一个高校学生都是在中国改革开放日益繁荣富强的大环境中成长起来的,说起自己的祖国都能够有话可说。而且在思政课堂上,特别是"毛泽东思想和中国特色社会主义理论体系概论"这门课上,教师讲授了很多近代以来中华民族抗争与探索的历史,学生在演讲的过程中会有很多的史料引用,这也进一步巩固了学生在思政课堂上所学的知识。由此可见,主题演讲是思政课教学在高校校园内的一种拓展和延伸,它不但有效拓展了思政课的教学领域,而且锻炼了学生表达自我、展现自我的能力,丰富了高校学生的校园生活,真正在高校校园内将高校学生的课堂学习与校园生活有效地结合起来,是一种生动的校内实践教学形式。

以"毛泽东思想和中国特色社会主义理论体系概论"中"中国特色大国外交"这一章为例,展开主题演讲的实践教学设计。

(1) 设计思路

在"中国特色大国外交"的教学过程中,思政课教师不但要讲授中国外交的发展历程,而且要讲授中国外交的重要特征及其对中国和世界产生的积极影响。有限的课堂讲授时间很难将这三个方面完整、透彻地讲清楚,而众所周知,外交是一个国家实力的重要表征,必须让高校学生对中国的外交,尤其是在新时代处理复杂的大国关系上中国外交所贡献的中国智慧。外交的底气源自一个国家的真正实力,所以,外交表面看是一个仅仅对外的窗口,实则是中国政治、经济、文化、社会、生态文明各个方面成绩的展示。因此,在讲"中国特色大国外交"之时,可以组织学生开展以"厉害了·我的国"等为主题的主题演讲比赛。具体的设计思路如下所示。

①确定主题。"厉害了·我的国""我为祖国而自豪"等可以作为演讲比赛的总主题,给学生以方向的指引,但是具体演讲题目和内容只要围绕这一主题展开即可,给学生以最大的发挥空间。虽然"厉害了·我的国""我为祖国而自豪"的主题演讲安排在"中国特色大国外交"的学习时间阶段,但是祖国的繁荣与日渐强大绝不仅仅是体现在外交这一个方面。所以,总的演讲主题之下,学生可以选择能够体现祖国繁荣与兴盛的各个方面进行阐释,而非仅仅局限于外交这一个方面,这样有助于学生从多个方面了解中国近些年来的发展,增强其爱国的情感与道路自信、制度自信。

②组建团队。主题演讲看似个人行为，实则背后需要大量资料收集和演讲技巧训练，而且"毛泽东思想和中国特色社会主义理论体系概论"一般都是合班上课，即起码有两个班甚至更多的班级在一起上课，人数众多。对于合班上课的同学来说，可以组建若干个团队，团队成员最多10人，团队内部自行决定总主题之下的内容确定，分工合作，共同完成此次主题的演讲。演讲既是对本章"中国特色大国外交"的历程与成就的展示，又是对中国几十年发展成就的总结与回顾。

③演讲比赛。以团队为单位，抽签决定演讲顺序。演讲者的仪表仪态、演讲技巧、演讲内容及多媒体技术的运用等，都是影响演讲效果的重要因素，每个团队都需要严格按照演讲规则参与比赛。

④成绩评定。评委由教师和学生共同担任，人员数量为奇数。评委根据演讲者的整体表现做出成绩评定，如论据是否充分、论证是否彻底、逻辑思路是否清晰及演讲者的仪容仪表等。评委不但要给出每个演讲者最后的成绩，还要现场对演讲者的优点与不足给予点评，以期让参与这一环节的每个同学都能有所收获。

(2) 注意事项

主题演讲的目的是通过演讲的方式让高校学生感受中国特色社会主义改革与建设的巨大成就，培养和建立对祖国的荣誉感和自豪感，增强高校学生的爱国情感。因此，在准备主题演讲比赛时，思政课教师要引导学生意识到不能为了演讲而演讲，不要仅仅为了比拼演讲的技能，而是应该在收集资料、准备演讲的过程中全面了解中国改革与建设的巨大成就，在演讲的过程中感受和体验爱国的情感，进一步提升认知。

在学习"中国特色大国外交"的过程中，开展以"厉害了·我的国""我为祖国而自豪"为主题的演讲比赛，很多学生会选择从中国的外交着手，展示新时代中国外交的巨大成就，但却陷入了盲目的自信之中，对此，教师应该敏锐地察觉，同时以翔实的现实资料和科学的理论知识对其观点进行修正，进而帮助学生以客观、理性的态度和视角去认识中国，认识中华人民共和国成立以来的外交政策与活动，特别是习近平总书记提出的"中国特色大国外交"理念。为此，一方面要认识到目前我国发展仍处于可以大有作为的重要战略机遇期，另一方面也要认识到国际政治格局的复杂性、世界经济调整的曲折性、国际矛盾和斗争的尖锐性、国际秩序之争的长期性、我国周边环境的不确定性，真正以一个理性客观的视角去看待中国未来的发展。

(3) 总结思考

主题演讲是思政课的校园实践教学形式之一，它理应比课堂实践教学的影响范围更为广泛。也正因为如此，应该对主题演讲参与者的范围进行调整，不应仅限于正在上"毛泽东思想和中国特色社会主义理论体系概论"的大一学生。不同年级的高校学生对于这门课，以及演讲主题的理解程度、思考视角各不相同，只有更多的学生参与进来才能让更多的学生感受思政课校园实践教学的浓郁氛围，感受中国这些年改革与建设的成就，进而建立对祖国的感情。

主题演讲表面看是一个人在台上演讲，实则背后是一个团队的努力。但是在具体校园实践教学环节中，主题演讲在某些团队中却运行得并不好，因为团队成员之间彼此缺乏信任，也缺乏应有的凝聚力，随后主题演讲就成为演讲者一个人的事情，其他团队成员只是旁观者。如果演讲成功，团队全体成员都会跟着受益；如果演讲效果不好，也只是演讲者一个人的责任。这是主题演讲这一实践教学环节中应该特别重视的地方。无论是主题演讲也好，还是课堂辩论也好，都只是一种形式，其重点在于对形式背后的内容、主题的把握。因此，思政课首先是思想政治教育课，是以提高学生的思想素质和道德素质为目的的，而主题演讲中部分团队中出现的有功全上、有过都推，团队缺乏凝聚力的现象与整个思政课的主旨显然格格不入。思政课教师应该先教会高校学生如何做人，然后再让其去学习如何正确做事。

2. 校内调研

一切从实际出发、实事求是是马克思主义的基本原则，也是思政课想要传递给学生的一种做人、做事的基本价值遵循。身处高等院校，高校学生接触最多的就是各种理论知识，而理论的生命力在于其源于实践而且能够指导实践。因此，理论联系实际、一切从实际出发、实事求是也是高校学生未来成长、成才的基本前提。调查研究就是一种最为基本的接触生活、接触社会、接触实际的基本途径，它能够帮助高校学生将自己在课堂上所学的理论知识与现实社会生活中的实际相结合，从而更为全面、立体地了解生活、了解社会，进而理解自己在课堂上所学的相关理论。

校内调研是了解当前高校学生心理、思想与行为的重要渠道，也是高校思政课校园实践教学的一种重要形式。校内调研主要的调研群体为高校学生，调研者多为高校师生，调研的对象也多为高校学生，而调研的主要手段是问卷调查和访谈调查法，一般都是问卷调查结合深度访谈。高校学生进行校内调研的过程也是了解同学、了解学校、了解当代高校学生状态的一个重要渠道。进行校内调研首先需要在校园内进行相关数据资料的收集，这对于高校学生的表达能力、沟通交流能力就是一个非常重要的锻炼，在收集资料的基础上还需要对资料进行高效的整理和分析，这也是对学生形成缜密思维的锻炼。调研不但要调查现实情况，更为重要的是能够从调查所得的数据中发现问题，分析和寻找问题产生的原因，进而探索有效解决该问题的具体方法和路径。因此，校内调研是对高校学生综合能力的锻炼，同时也是思政课教师深入了解当代高校学生，尤其是自己所教学生特点的一个非常重要的渠道。

校内调研就是思政课教师根据教学目标与学生培养目标，以大学校园为载体和平台，结合思政课的教学内容，号召和组织高校学生在大学校园内开展各种贴合大学和高校学生实际的实地调查研究活动。当代青年学子极富个性而且有思想，但是很多时候，有些高校学生的思想有些偏激并不符合社会实际，思政课教师想要帮助其改变和更新观念仅仅依靠单纯课堂讲授或者说教，很难达到说服此类学生，帮助其确立客观理性思想和观点的目的。而校内调研则能很好地达成这一目的，例如有些学生认为当代高校学生都是精致的利己主义者，没有爱国情怀，显然这一观点并不客观，以偏概全，尽管思政课教师在课堂上对此观点进行了澄清，但是对于改变持此类观点学生的思想可能作用有限，唯一能够让这些学生心悦诚服的做法就是让他们自己在大学校园进行调查研究。校内调研使他们能够实地与同学进行零距离的接触、观察和访谈，真正了解周边高校学生的所思、所想和所为，从而发现大部分高校学生都有着爱国的热情和情怀，而且也是乐于助人、关爱同学和社会的人，并非都是精致的利己主义者。通过实地调查研究，使这一部分学生可以走出自己狭隘的世界，转变自己原有的想法和观念，真正达到知行合一。由此可见，校内调研对于了解当前高校学生的思想动态、行为习惯与价值观念效果明显，也有助于培养高校学生知行合一、实事求是的严谨作风。

3. 知识竞赛

高校学生对于知识的掌握可以有很多种方式，既有在教师课堂讲授中的理解与识记，也有在课外学习资料中的掌握，还有在社会实践中的获得，其中知识竞赛就是一种比较常见的形式。此外，知识竞赛也是一种科学知识普及的有效途径，为了能够正确回答竞赛题目，学生就必须进行全面的知识准备，这样他们势必会广泛地收集和阅读相关的课内、课外资料，这个准备的过程本身也是学生实践和历练的过程。因此，知识竞赛既是学生校内实践的一种形式，又能有效调动广大高校学生掌握知识的积极性，近年来知识竞赛也越来越受到高校学生的欢迎。

知识竞赛这一校园实践教学形式不同于其他形式，它最能激发学生学习知识的主动性与热情。其他实践教学环节更多的是帮助或者说辅助学生理解某一个知识点的内容，而知识竞赛则直接指向知识点，而且对于知识点的涵盖面非常广，它以比赛的方式呈现，激发高校学生赢得比赛的热情，学习的主动性也随之提升。

在思政课教学实践中运用知识竞赛，就是思政课教师结合教学大纲和教材所学内容，为了考查课程当中的某些知识点和内容，拟定竞答的题目和相关参考答案，组织校内学生以竞赛的方式参与其中，并且通过竞赛的方式来巩固所学知识和内容的一种方式。同时，知识竞赛还具有其他校园实践教学形式不可比拟的优势，那就是知识竞赛形式非常灵活，既可以在整个大学校园开展，也可以在某个二级学院开展，还能够以班级为单位开展。不同规模和级别的知识竞赛都是为了达到同样的目的，那就是帮助高校学生对思政课或者与思政课相关的内容进行理解和掌握。例如，某高校在思政课教师的倡导和组织下开展了"改革开放四十三年"的知识竞赛，因为是围绕改革开放四十三年所发生的人和事，范围非常广泛，所以学生在准备知识竞赛时需要查找和收集大量的与改革开放四十三年间相关的资料，这其中涉及政治、经济、文化和社会生活的方方面面。为了在知识竞赛中得到好的名次，在这期间学生学习的主动性往往特别强，而且也非常有针对性。在如此积极、主动、高强度的学习之下，一个非常好的结果就是，经由此次知识竞赛，学生对改革开放四十三年这段历史时期的相关知识掌握得都非常扎实。由此可见，知识竞赛不但能推动学生的自我学习，而且能够在高校范围内营造一种全体学习、热爱学习的良好学习氛围，这

157

也是一种非常好的思政课校园实践教学形式。

以"毛泽东思想和中国特色社会主义理论体系概论"中"四个全面，战略布局"这一章为例，展开知识竞赛的实践教学设计。

（1）设计思路

"四个全面，战略布局"详细讲述了中国在全面建设小康社会、全面深化改革、全面依法治国，以及全面从严治党四个方面的努力和成绩。而这也正是中国改革开放四十多年历程中，在各个方面付出的努力和取得成效的集中体现，涉及的内容和知识点非常多，因此，如何开展课堂教学，如何通过实践教学的环节让高校学生对这些知识点熟练掌握是一个难题。而知识竞赛这一形式恰恰就能够将大范围知识点集中于一个实践环节中呈现，而且借助竞赛的方式能够激发学生学习的积极性和主动性。

①方案的制订。以"改革开放四十三周年知识竞赛"为主题，通过知识竞赛的方式鼓励和推动学生多多了解和掌握中国改革开放四十三年的奋斗历程与取得的伟大成就，激发学生的爱国热情。知识竞赛是在全校范围内开展校园实践教学环节，因此，在比赛时间、场地的确定方面需要学校其他部门进行紧密的沟通协调，如校团委、学生处、党委宣传部等部门。与此同时，知识竞赛方案的确定既需要思政课教师的精心策划，也需要与相关部门进行有机协调。

②工作的开展

整个知识竞赛分为初赛和决赛两个阶段进行。每个阶段的竞答题目都分为三个类型，即必答题、抢答题、风险题。竞赛开始之前要进行广泛的宣传和动员，做好宣传工作，以吸引和招募尽可能多的高校学生参与其中。

正在学习"毛泽东思想和中国特色社会主义理论体系概论"的学生，以班为单位参与竞答，每班推选3名学生组成竞答小组。思政课教师主要负责竞答题目的准备。知识竞赛现场的主持人、评委和工作人员必须经过培训和演练。预赛以行政班级为单位，通过一周的预赛环节，产生有资格参加决赛的队伍。

（2）注意事项

知识竞赛是激发高校学生主动学习的好方法，大学生参与竞赛的过程，是他们自主学习、合作学习、探究学习的过程，可以提高他们的思维、批判、创新、表达、组织等能力，培育他们的平等、竞争、团结、包容等意识，也是检验其学习成效的好办法。但是检验离不开好的检验载体，在知识竞赛过程中在各位思政课教师出具的知识竞赛题目就是非常重要的载体。这些题目必须是对中国改革开放四十三年建设探索与经验成就的高度浓缩，因此，思政课教师的工作量非常大，不但出题数量要能满足预赛和决赛需要，而且出题的质量必须高，严禁有语意不清、含糊其词的问题出现。

知识竞赛是一场非常激烈的比赛，因此要求参加竞答比赛的评委必须公正、公平地去评判，严格遵守比赛要求，严禁偏袒任何一方或者有不诚信的行为出现。

知识竞赛因其竞赛性质，对竞赛现场的灯光、音响、投影、电脑、抢答器等硬件的要求很高，其中任何一项出现问题都会影响比赛现场的成绩，所以对于后台工作人员的要求也非常高。知识竞赛在正式开始之前要进行彩排，及时发现问题、排除隐患，确保正式比赛现场的万无一失。

知识竞赛对于参加的高校学生来说就是一场场比赛，比赛就意味着有输有赢，要求选手无论成绩如何都必须秉持着"友谊第一，比赛第二"的原则，遵守赛事规定和要求，不得无理取闹，影响他人比赛。

（3）总结思考

在以往的一些知识竞赛活动中，组织者往往会创建一个知识题库，让参与知识竞赛的学生提前通过题库中的题目进行练习，这样可以调动参与竞答学生的积极性，让其对竞答比赛有所准备。但是需要注意的是，此种形式比较适用于预赛环节，因为预赛相对于决赛来说，难度较小，参赛学生的准备工作，无论是在时间上还是在难度上都不太充分，有题库题目可供参考、学习，对于初次参加知识竞赛比赛的学生来说也是一种帮助。一旦进入决赛环节，竞答比赛的难度就会大大增加，不但要有教材上的知识点，还需要有结合现实生活的题目出现，以考查学生的分析和判断能力。这一点需要引起出题教师的注意，这也是在以后知识竞赛环节需要加以完善的。

在赛后总结中，应从三个方面进行总结：一是对全体学生根据参与程度和综合表现进行考核，评定其实践等级和成绩；二是对比赛资料进行整理归档；三是对整个活动进行反思总结，既要反思竞答题目的设计是否合理、比赛过程是否顺利、点评总结是否恰当等，又要反思这次辩论赛是否达到了教学目标、存在哪优点和不足等。这样就能使知识竞赛不断最优化、规范化。

高校有着丰富的技能竞赛经验，无论参加技能竞赛还是主办技能竞赛，知识竞赛这一思政课的实践教学环节目前来看还比较单一，不能全面反映参赛选手的水平。因此，在今后的知识竞赛筹备过程中，可以吸收和借鉴学校主办专业技能竞赛的经验，丰富思政课知识竞赛的内容与环节，进一步激发学生学习的主动性和参与竞答活动的兴趣，关注社会动向，关注国家发展，做一名新时代合格的高校学生。

4. 图书寻访

书籍是人类进步的阶梯，它在赋予我们知识的同时，也在向我们传授生活的道理，当阅读成为一种习惯时，它就能够陪伴我们的一生，让我们受益终身。传统时代，图书对于人们的意义重大，人们的知识也大多来源于书籍，"读万卷书，行万里路"这句名言就鲜明地体现了书籍与实践对于人类的重要性。

当今是信息化的时代，人们习惯了各种电子产品与电子媒介，每天都可以通过微博、微信、抖音、门户网站等各类电子媒介获得海量的信息和资讯，以至于很多人慢慢丢弃了看书的习惯。高校的高校学生除了上课必须看的教科书之外，较少有人保留着每天读书或者定期读一本书的习惯，对此必须引起我们的重视。作为一名高校学生，丢弃了读书的良好习惯，不仅对于学业有影响，而且对于未来的人生发展也是一大损失。图书寻访旨在通过一种贴近现实的方式重新燃起高校学生读书的欲望和热情。

在当前自媒体、微媒体盛行的时代，人们大都习惯碎片化的阅读，在校的高校学生也是如此。而事实上，碎片化的阅读固然有利于人们充分利用碎片化的时间，提高人们阅读的效率，但是也有其非常明显的缺点，那就是对知识的阐释和解读无法达到系统、深化，而且更多是一种快速的、瞬间记忆，纸质书籍更适合人们对某一方面的知识进行反复的研读、记录等。众多微媒介的阅读也容易分散阅读者的注意力，表面看似涉猎很广，实则阅读比较浅显，甚至读后即忘，阅读效果不佳。高等教育重要的特点就在于对某一方面知识有系统了解和掌握，进而能够熟练运用、服务社会。因此，在当前微媒体盛行而且微阅读日益成为人们的阅读习惯时，想要激发或者重新唤起高校学生对于纸质书籍的兴趣,并且重拾读纸媒的习惯,就必须采取一些有益的方式和手段。想要达到提升高校学生思想素养、道德素养的目的,仅仅靠教师课堂上的讲授显然是不够的,它需要高校学生广泛阅读各类书籍,真正了解某个事实、某段历史或者某个人物,而不是通过微博、微信里读到的只言片语。

在思政课中,图书寻访就是思政课教师为了重新唤起高校学生看书、读书的热情,结合讲授的教学内容,充分利用高校图书馆丰富的图书资源,采用多种形式让一些对高校学生人生发展、价值引领有促进作用的经典著作、名家名作能够在高校学生中流传开来,让更多的学生能够认真阅读这些经典,领会其中的内涵,而非仅仅知道名著的梗概甚至是仅仅知道名著的名字,但对内容完全陌生。同时,思政课教师还要结合当下高校学生喜欢的内容题材为学生推荐一些优质的新书,也欢迎学生向教师、向学校图书馆推荐好书、新书,丰富学校图书馆的馆藏。思政课校内实践教学环节开设"图书寻访"可以利用实践教学激发和唤醒高校学生对于图书阅读的兴趣,增加高校学生知识积累,提升高校学生的思想道德和法律素养。

例如,思政课教师在引导学生要树立远大的理想并坚定信念、战胜困难去实现理想时,片段性质的资料很难勾勒一个鲜活的人物原形,因此它需要一个系统的知识和资料供给,以便高校学生去感受和理解。可以推荐学生去图书馆阅读《习近平的七年知青岁月》这本书,一则习近平总书记是我们最为熟悉和敬重的领导人,二则书中对习近平总书记插队时的知青生涯有着详尽的描述并且有大量的照片佐证。书中详细讲述了习近平总书记青年时代的生活与经历,只有深入阅读这些资料,高校学生才能理解其为什么会有现在的一系列治国理政的方略,才能理解理想、信念的重要性,才能理解责任与担当沉甸甸的分量。阅读此书带给学生的不仅仅是关于理想、信念的思考,不同的学生可能还会有新的不同的思考。同时还能把学生从电子媒体的碎片化阅读与娱乐中解放出来,唤起其阅读的兴趣,意义非凡。因此,这种充分利用高校校内图书资源,激发高校学生读书热情、培养学生读书习惯的实践教学形式无疑是高等院校思政课校内实践教学的一种重要形式。

5. 微电影制作

当代高校学生身处微时代,每天不仅能接触到大量的微媒体,而且学生自己也非常善于使用各种类型的微媒体和相关软件，特别是现在高像素的智能手机。每一个学生都可以通过智能手机和相关软件来制作各种类型的微视频、微电影来反映社会现实，表达和展示自己的所思、所想和所感。高校学生思维活跃，学习能力、创新能力强，对社会、生活有着敏锐的感知力和洞察力，对于视频剪辑类的软件使用也非常熟练，他们习惯自拍，也乐于而且擅长拍摄各种类型的视频、影像资料。高校学生对于具有视觉冲击力、立体生动的影像资料往往都比较感兴趣，因为视频、电影等影像资料可以借助声音、图像、动作、台词、道具、场景甚至特技等多种途径去再现某一场景，表达某种观点和情感，能够带给人更为真实的情感体验，这种优势也是其他媒介无法比拟的，而这种优势也正好能够满足高校学生的需求。

在思政课中运用微电影制作就是为了提升思政课的教学效果。思政课教师应鼓励高校学生综合利用当前微时代的多种媒介和软件，联系思政课所学的知识，以及当前高校校园或者社会中经常出现的现象，结合自己对某些问题、现象、观点的看法，以个体或小组的方式演绎和拍摄相关视频内容，并对所拍摄的视频加以剪辑、整合，进而形成一个完整的视频资料。例如，在课程"毛泽东思想和中国特色社会主义理论体系概论"中，既有中国共产党带领全国人民在苦难中求索、抗争的内容，也有中国共产党带领全国人民建设和发展祖国的内容。当前中国繁荣稳定和谐的局面就是中国特色社会主义制度优越性的集中体现，仅通过教师的讲授无法让当代高校学生深刻感知中国特色社会主义建设的辉煌成就，而微电影制作则是一个高校学生喜欢且能调动其积极性，引导其主动地、自觉地了解和展示中国共产党带领全国人民实现"中国梦"、实现民族复兴之梦的重要实践教学环节。

微电影制作是一种综合的实践教学形式，因为思政课有微电影制作这一实践教学要求，所以能够倒逼高校学生做一个校园生活的有心人，时刻留心、留意校园内外发生的种种事情或现象，并能够从思想政治教育的角度去看待和思考这一现象或者问题。此外，微电影制作表面看似轻松，只需随手拍摄一段视频即可，实则任务繁重、要求很高，既需要有较高的主旨、立意，又需要小组成员精诚合作，撰写脚本、布置场景、指导演员表演，还需要小组成员有较高的视频软件使用和制作水平。除了对高校学生有较高的要求外，对于高校思政课教师的要求也很高，需要思政课教师在学生微电影制作的过程中全程参与指导。一方面，有效保证微电影的主旨鲜明正确；一方面，严把质量关，帮助学生提升微电影的制作水准。由此可见，微电影制作这一校园实践教学形式能够有效调动教师和学生双方的热情与创意，同时也能充分发挥和展现当代高校学生思想觉悟与专业技术方面的能力和水准。

以"毛泽东思想和中国特色社会主义理论体系概论"中"坚持和发展中国特色社会主义的总任务"这一章为例，展开知识竞赛的实践教学设计。

（1）设计思路

在"坚持和发展中国特色社会主义的总任务"的教学过程中，要让学生深刻意识到伟大民族憧憬伟大梦想，而伟大梦想成就伟大民族，中华儿女百年逐梦才有了今日之中国。"中国梦"凝聚着亿万人民对美好生活的期盼和对民族复兴的希望，只有实实在在地工作、劳动才能实现伟大的"中国梦"。高校学生的微电影拍摄就是要围绕"中国梦——我的梦"展开，拍摄内容既要反映中国特色社会主义建设的辉煌成就，也要结合自身的生活、学习，反映当代青年学子积极向上、奋发进取追求美好明天的梦想。以小组为单位开展，不拘一格展现自己对于主题的理解。主题的设置应当符合社会主义核心价值观，契合时代主题，并以夯实思政理论、锻炼实践能力为目标。

①布置任务。教师根据"坚持和发展中国特色社会主义的总任务"所学内容，引导学生理解"中国梦"的重要内涵，理解我国建成社会主义强国的战略安排，理解"中国梦"实现过程中的种种困难与艰辛，激发学生用制作微电影的方式去表达自己对"中国梦"的理解、对于建设中国特色社会主义强国的理解。

②组建团队。微电影的拍摄是一个团队协作过程，根据"毛泽东思想和中国特色社会主义理论体系概论"课的合班情况，在每个大合班中组建若干个拍摄团队，每个团队一般由10人组成。

③组员分工。微电影的拍摄和制作需要团队成员分工配合与紧密协作。具体来看，成员的分工如下：编剧、导演、摄影、旁白、后期制作、道具，团队根据每项工种的具体工作量来安排人员数量，并根据具体拍摄

情况随时做出调整。

④注意事项。主题必须鲜明，紧紧围绕"中国梦——我的梦"展开，具体题目自拟。作品完成时限为一个月，从任务布置到视频拍摄完成、上交都必须在一个月内完成。在视频作品当中应该明确显示团队每个成员的具体分工情况。

⑤成绩评定。微电影在拍摄完成之后，要选取合适的时间集中进行全部微电影的展示。评委由教师和学生共同担任，人员数量为奇数，评委根据视频拍摄的质量，如是否围绕主题展开，演员表演质量，场景选择与布置，后期制作质量等做出评定。评委不但要给出每个团队微电影的最后成绩，还要对每个团队所拍摄视频的优点与不足给予点评，在肯定学生思政实践成果的同时，还要指出其在微电影创作中的不足之处，从而帮助其获得思想政治意识的提升。以期让参与微电影拍摄的每个同学都能有所收获。

(2) 注意事项

微电影是一个团队合作的成果，是小组10个成员共同努力的结果，不是少数人在辛苦筹备、拍摄、制作，而其他人等着坐享其成，这一点是思政课教师在布置任务时要极其注意并努力避免的现象。思政课的目的在于提升高校学生的思想道德素养与政治素养，绝对不能出现投机取巧、无视纪律的思想和行为。

微电影制作不是简单地用智能手机随便拍摄几分钟即可，是要由脚本编写、策划、导演、摄影、旁白，以及后期制作等一系列工作构成。因此，在微电影的制作环节，思政课教师要严格要求，并严格按照要求来进行成绩评定。

作为思政课的实践教学环节，尽管是微电影，仍然要有电影的元素。拍摄时既要源于生活，又要有高于生活的寓意和主旨；既反映现实又要高于现实。不能把微电影变成纯粹的视频记录，要加入高校学生自己对于主题的认识和理解。

微电影在高校思政教育教学中的应用，需时刻遵循以人为本的原则、理论与实践相统一的原则、专业性与趣味性相统一的原则，以确保微电影教学法既能够吸引学生参与，又能达到预期的教学目标。

（3）总结思考

微电影的拍摄与制作确实需要有相当的专业技术支撑，需要有高像素的拍摄设备，需要有好的后期剪辑软件和较高的视频剪辑技术，还需要有好的演员，但是这些都是要服务于电影拍摄的主旨，即展现中华儿女逐梦的身影。但是在以往的微电影制作这一环节，经常会出现的是不少学生陷入了视频剪辑技术的比拼漩涡中，都试图在微电影中展示自己炫酷的制作技术，而忘记了拍摄微电影的初衷。这一点必须引起我们的重视，作为思政课教师，也必须在微电影制作这一实践教学环节的各个阶段给学生以提示。

6. 校园文化节

高校云集了来自全国各地的高校学生，他们兴趣广泛且多才多艺。因此，高等院校的校园文化向来类型多样、丰富多彩，这也为高校学生发挥和施展自己的才干提供了广阔的舞台。校园文化的丰富性体现在其既有与高校学生学习密切相关的文化活动，如各领域的技能竞赛等；又有与高校学生兴趣爱好关系密切的文化活动，如舞蹈、民乐演奏等；还有紧密结合时代特色的网络相关活动，如"XX大学最美志愿者网络评选活动"等。党中央、国务院一直以来非常重视高校学生文化节的建设，注重充分发挥大学校园文化的育人功能，不断引导高校学生积极参与和谐校园文化的建设，在建设和推广校园文化的过程中促进当代高校学生的全面发展，展示高等院校在素质教育方面的显著成果。在影响和改变人的思想和观念方面，恐怕没有任何一种形式能够比文化这一形式更加深刻且细腻地发挥其作用了，文化往往以一种"润物细无声"的方式在潜移默化中影响和改变着人们。身处高校校园的高校学生每日浸润于校园文化的熏陶之中，自己在不知不觉中也有了改变，而很多时候学生自己却浑然不觉。因此，我们应该充分利用文化及与文化密切相关的形式和载体来影响和改变学生。

思政课与校园文化节结合就是为了实现在潜移默化中影响和改变高校学生的世界观、人生观和价值观，思政课教师，以及高校学生工作部门、团委要多方协同在高校校园内推进校园文化节的建设，其中学生工作部门主要负责学生的培训与管理，团委主要负责学生文化社团的组织，思政课教师主要负责文化节主题的确定，以及学生社团活动的指导与提升。校园文化节的文化活动丰富多彩、形式各异，也正是因为丰富多样，也很容易落入俗套，没有思想内涵；文化节的主旨不是单纯让高校学生热闹一番而已，而是要借由校园文化节中贴合高校学生实际的各类活动，引发学生对于人性、社会和国家、民族的思考。与此同时，在思政课教师的指导下，学生能够意识到自己身上肩负的责任与重担，进而通过自己的社团活动去进一步影响和改变周边的同学，从而达到改变高等院校校园文化环境和氛围，使其更富思想性的目的。

7. 课外作业

要想让学生对于某些知识点的理解和掌握比较扎实，仅仅依靠课堂上有限时间内的教师讲授显然是不够的，还需要学生在课堂之外勤加思考和练习。一般在课堂之外，学生的时间都比较充裕，而且其身处高校，最大的资源优势就是学校的图书馆。当前高校图书馆的馆藏资源都非常丰富，再加上现代社会互联网技术非常发达，学生可以借助很多媒介来查找、阅读相关文献或者历史资料。在查找阅读的同时也锻炼了学生对海量资讯甄别、选择的能力。因为互联网虽然可以给人提供海量的资讯和信息，但这其中信息有真有假、良莠难辨，需要学生进行去粗取精、去伪存真，从而获得真正有用的资料。

具体来说，课外作业就是思政课教师根据教学所需，结合学生在课堂上对某些知识点或者理论的掌握程度，有针对性地设计一些思考或者实操性的作业，让学生在课堂之外完成。需要注意的是，课外作业不应该停留在思政课教材中某个具体知识点的背诵与读写上，而是应该源于教材而又高于教材，是能够结合将教材内容与个人生活、家庭、社会乃至国家相联系的具体问题的思考与实践。面对这种类型的课后作业，学生往往难以在互联网上查询找到直接的答案，而是需要在查找资料的基础上，自己去思考、去建构、去实践，真正经由自己的付出与努力去获得答案。思政课的这种校园实践教学方式也是检验学生对课堂所学知识、理论掌握程度，以及理论联系实际的一种非常好的方式。

（三）社会实践教学

要想让当代高校学生学有所获、学有所成，仅仅依靠课堂讲授显然不够，更需要学生在课堂之外、校园之外广阔的家庭、社会生活中去体会和感悟，才能真正收获学习、生活的真谛。思政课校外实践教学就是充分利

第五章 新时期思政课实践教学的发展

用大学校园之外的广阔空间，来影响、锻炼和提升当代高校学生的思想道德修养和社会责任感，将高校学生的个人实践与广阔、生动的社会活动空间联系起来，真正教会高校学生如何做人、做事。

社会实践教学不同于课堂实践环节中学生的自主参与，也不同于学生在校园内部各类实践活动的参与，它是依据课程的教学任务和教学要求，在教师的指导之下，有计划、有步骤地参与校园外的各类社会实践活动的形式。由于学生大部分时间都是在校园内部学习、生活，所以，社会实践教学更多的是高等院校高校学生在寒暑假或者节假日的空余时间，到社会中参与实践活动。思政课上讲述的很多关于人生、社会、经济、政治等方面的理论知识都比较抽象，需要学生在参与社会活动中对此方面的知识有真实的感受，才能对这一知识点有更深刻、更全面的认知。

社会实践教学的形式一般包括校外参观、公益活动、社会（家庭）调查、勤工助学、志愿服务等。多种形式的社会实践活动可以为高校学生提供多种渠道了解历史、现实和生活。例如，校外参观，特别是展现革命和建设历史的纪念馆参观，可以让当代高校学生更直接地感知某一历史事件的发生背景和发展过程；参与公益活动和志愿服务，可以让高校学生通过接触社会、参与社会生活，改变原有的对社会的偏激看法和认知；高校学生勤工助学等可以让高校学生通过具体实践感受生活的不易，理解父母的艰辛，进而树立正确的人生观和价值观；高校学生参与社会调查或者家庭走访调查，可以让学生对某一社会现实有更为全面的认识，改变过往从负面看问题的习惯，能够以积极、正向的视角去看问题。

社会实践教学的重要性不言而喻，社会实践教学的效果也是其他方式难以匹敌的，但是社会实践教学也有其特殊的要求。首先，社会实践教学需要教育行政部门或者高等院校对于这一实践教学形式给予时间安排上的支持与协助；其次，还需要有效整合各类资源，一起为思政课的社会实践教学提供多方面的便利和支持；最后，还需要高等院校对思政课社会实践教学给予经费和组织管理方面的鼎力支持。离开实践经费的投入，社会实践活动可谓寸步难行，离开学校各部门的有效协调与组织，社会实践教学很难有序稳定的长期开展下去。

1. 校外参观

观察是一种很好的学习方式，个体想要了解和掌握某方面的知识无须亲自去实践每一个行为、活动，只需要认真观察他人是怎样做的即可。模仿也是一种很好的学习方式，当个体不会、不知该如何做出自己的行为时，可以通过模仿他人的正确行为来达成目的，这是一种非常简洁但是效率很高的学习方式。当代高校学生求知欲望强烈，想要学习和了解的东西很多，但是因为自身学生的身份，以及时间、精力有限，无法事事都通过自己亲身实践去达成，因此，利用假期到校外去参观考查，在参观的过程中观察和模仿优秀人物的行为，不断改造自己的行为，就成为一种非常好的学习方式。

校外参观是思政课校外实践教学形式之一，校外参观就是思政课教师结合具体教学内容的进度和安排，组织高校学生走出大学校园，进入到具有学习和考查价值的场所，走到革命先烈曾经战斗过的地方，走到纪念革命先烈的纪念馆，走到在中国革命和建设过程中具有里程碑式意义的纪念场馆，让学生感受先烈们当年的英勇事迹，让学生在真实的场景之中去倾听、观察和了解某一个具体的历史时期不同人们的所思、所想和所为，进而受到启发、感染，激发当代高校学生的爱国情感，让学生有所收获的一种校外实践方式。

校外参观看似简单，实则需要思政课教师的大量付出，教师不但需要结合教学内容及教学所要达到的目的去选择参观的地点，而且还需要准确把握每次外出参观在高校学生的思想和行为上会产生怎样的影响和效果。要想让高校学生深刻理解和领会思政课程中的某些内容，仅仅依靠教材上有限的内容讲解显然是不够的，而校外参观则能很好地弥补这一不足。

例如，讲到理想信念、为人民服务的宗旨，以及当前精准救助的政策等部分内容时，可以组织学生去参观习近平总书记下乡知青时居住过的梁家河村，看看习近平总书记当年住过的窑洞、开挖的水井、修建的沼气池、修筑的大坝……让学生感受当年习近平总书记生活的真实场景：狭长的土炕要住六位知青，他们睡觉时腿都无法伸直，而且土炕上跳蚤成群，在每天各种重体力劳动的情况之下，食物还非常紧缺，但就是在如此艰苦的环境之下，习近平总书记仍然坚持每天看书学习。这七年的知青岁月磨炼了他的意志，也正是在如此恶劣的生存环境之中，在与众多淳朴友好的陕北老乡一起生活的日子之中，激发了他扎根基层、服务人民、立志帮助众多身处困境的人民走出贫困的决心。看过了这些最真实的场景，倾听了真实的故事，高校学生的感受才能更真切，他们才能懂得和明白为何习近平总书记会有这些治国理政的理念和政策，为何要树立理想和信念，什么样的理想和信念才能称得上是崇高的理想，这种校外实地参观带来的心灵震撼也是其他方式无法比拟的。

2. 社会调查

进行深入、全面的调查研究是我们获得丰富、翔实数据、资料的基础，也是我们透过事物的表象认识事物本质、揭示社会发展规律的重要途径。当今社会瞬息万变，资讯异常发达，对于广大正在求学的高校学生来说，学校课堂固然是获取知识信息的途径，但是在课堂之外，广阔的社会环境才是高校学生真正获取知识信息的重要途径。毕竟教科书上的知识在这个信息瞬息万变的时代很快就会显得陈旧，加之高校学生对于新事物、新理论又充满了渴求，因此，高校课堂上教师教授学生更多的是一种高效学习、有效学习的方法，而非有限的知识内容。掌握了学习的方法，就如同掌握了点石成金的指头，在未来的学习、生活中可以凭借此学习方法持续地获得知识，持续地让自己得到成长和发展。社会调查这种方式就是一种非常理想的让学生持续发展和提升自己的方式。

思政课实践中的社会调查就是思政课教师根据教学内容和教学目的的相关要求，设计相应的调查课题，让学生深入社会的各个领域、各个角落去了解、搜集和掌握相关的数据、资料，对搜集的资料进行统计、分析，并最终形成相应的结论。这个搜集资料的过程本身就是对高校学生能力的锻炼过程，因为要想搜集资料，就必须通过设计问卷这一途径，而设计问卷本身就是对学生问卷设计能力的考查和锻炼，包括问卷如何发放、如何回收、回收之后如何进行统计分析，统计分析数据时使用哪种统计分析软件等。数据分析的过程本身也是一个去粗取精、去伪存真的过程，最终调查结论的得出也是对高校学生分析、判断能力的考验和锻炼。除了从技术的角度看待社会调查对高校学生能力的锻炼之外，还可以从扩展学生视野、培养学生家国情怀、社会责任等各个角度来看待社会调查。当代高校学生的社会调查，其调查的方向、主题非常广泛，既可以是涉及国家、民族的问题，也可以是家庭、家族的问题，还可以是高校学生自身的心理、生活、认知等方面的问题。社会调查选题的广泛不但能够拓展高校学生的视野，而且能够激励学生去发现、分析社会生活中的各种现象，进而分析现象背后的原因，揭示其背后蕴含的基本规律，真正提升高校学生理论联系实际的能力。

校外实践教学中的社会调查与校园实践教学中的校内调研，在主体上是基本一致的。例如，，它们都遵循一样的调查程序和调查步骤，这是一个调查的主体。校内调研和社会调查的不同之处有二：一是调查进行的地点发生了变化，一个在校园内，一个在校园之外；二是调查的对象发生了变化，校内调研主要的调查对象是本校的学生，他们往往比较配合调查，而发生在校外的社会调查则不同，被调查的对象是社会上的各色人等，他们的配合程度可能比不上高校内部。这就要求高校学生在进行校外的社会调查之前要认真学习一下如何与不同类型的人群进行沟通，如何消除陌生人对你的不信任感，进而赢得陌生人的信任，使问卷能够顺利发放并填写。

3. 发现生活

人的思想源自生活，思想的改变也源自生活改变，生活给予了我们很多。现代人总在抱怨自己太忙，总在抱怨上天给予自己的太少，总在抱怨他人对自己不够好，甚至有人会说这个社会戾气太重，凡此种种，都让人感觉生活灰暗，没有阳光。然而，真正的生活却并非只有令人感到沮丧、灰暗的一面，它还有明亮、憧憬和在艰难中体味到欢乐和幸福，还有丰富多彩的一面，还有很多令人感到温暖与期待的瞬间。

现代社会，人们都习惯快节奏的生活，工具理性至上，人们太多关注某样东西的实用性及其对人类的价值，无心去慢慢欣赏和品味生活本身，发现生活带给我们的除去实用功利的另外一面。当代社会发展日新月异，创新无疑是社会发展的动力和源泉，而创新首先源自对生活的仔细观察和发现，没有一双善于发现生活之美的眼睛，显然无法挖掘自身创新的潜力。当代高校学生虽然生活于速食时代，但是内心始终要保留一份求真、唯实、探索的精神，唯有如此，方能在极速飞奔的时代漩涡中不至于迷失自我。

思政课通过发现生活进行实践教学，就是思政课教师要引导学生在课堂之外，在自己的校外生活和工作中培养敏锐的洞察力，善于观察和发现生活中真、善、美，善于发现自己、他人、社会还存在哪些不足和问题，积极去思考、分析如何去有效地解决问题，让我们的生活更和谐、美好。

发现生活就是要通过高校学生的亲身实践,让他们去寻找、体会和感受生活中的积极美好,让人感动、温暖和幸福的一面。通过这一个实践环节,让更多的高校学生学会换一个角度去看待生活、看待社会、看待国家,建立一种积极正向的思维,建立对社会主义核心价值观的认同,并能在生活中真正践行社会主义核心价值观,为社会、国家传递正能量。

在发现生活这一校外实践教学环节中,思政课教师起着非常重要的作用,他们承担着引导学生去哪里、向哪个方向发现和寻找,到底要发现和寻找什么的重任。例如,在思政课讲授社会主义核心价值观这一章内容的时候,思政课教师普遍面临的问题是,内容理论性较强,学生觉得内容比较空泛。在讲到这部分时思政课教师很可能会列举很多的案例、人物事迹等来让学生理解何谓社会主义核心价值观,但从学生的角度来看,毕竟那些案例大多都不是发生在自己身边的事情,感受并不是很深刻。而在校外实践"发现生活"这一环节中,思政课教师可以鼓励学生从自己的生活中、家庭中甚至实习的工作单位中,去发现那些真正在努力践行社会主义核心价值观的人或事,并将这些发生在自己身边的真实的典范、事迹讲述给老师、同学听或者书写下来。学生在校外实践中的发现本身需要一种热情和敏锐性,而在这些事迹典范讲述或书写的同时,又是对社会主义核心价值观的一种重新思考、组织和梳理,对于社会主义核心价值观又有了新的、更高一层的认识。因此,在校外实践中发现生活之价值,其重要性不言而喻。

"思想道德修养和法律基础"课程中"践行社会主义核心价值观"这一章为例,展开发现生活的实践教学设计。

(1) 设计思路

"践行社会主义核心价值观"是理论性比较强的一章,如果思政课教师单纯只是以理论讲授的方式进行教学,很可能会让学生感到枯燥乏味,但实际上这一章又是整个"思想道德修养和法律基础"中最为重要的一章。因为在这个多元价值、多元文化的时代,如果没有一个能够凝聚和统领大众的共识,那么国家、社会很有可能成为一盘散沙,这是极其危险的。在校外实践教学环节设计"发现生活"就是要引导高校学生从自己的生活中,或者实习单位中去发现真善美,发现积极且富有正能量的人和事,引导青年在这个价值多元且时有冲突的社会中,寻找和发现能够凝聚

171

大众思想、整合大众力量的价值观，努力成为培育和弘扬社会主义核心价值观最积极、最活跃、最充分的青年先进代表，为社会的和谐、繁荣贡献自己的一分力量。

①主题确定。活动的主题是整个实践活动的方向和指引，确定主题是首要环节。"发现生活"是思政课校外实践教学环节的某一个环节的总称，需要进一步加以明确，为学生的校外实践提供更为具体的指引。

确定主题为"发现生活——践行社会主义核心价值观之典范"，明确指出高校学生要发现的是社会主义核心价值观的践行典范，应该是积极正向的，是对国人、对高校学生有影响、示范和指引作用的人和事。

②实践目的。通过现实生活中的观察与寻找，发现社会主义核心价值观的积极践行者，分析这些社会主义核心价值观的践行典范所处的环境背景、所做出的事迹，以及自身所具有的鲜明特征，对照自身，发现自己存在的不足，进而严格要求自我，努力提升自我，向先进看齐，认真学习和理解社会主义核心价值观的基本内容，并身体力行、自觉践行社会主义核心价值观，做新时代的合格高校学生。

③任务要求。

a. 必须从自己生活的现实环境中去寻找和发现社会主义核心价值观的践行典范，个人或者集体均可；

b. 认真观察并记录社会主义核心价值观之践行典范的思想、行为与优秀事迹；

c. 在寻找和观察过程中必须保存相关的图片或视频资料；

d. 对照自身，分析自己对于社会主义核心价值观的认识是否到位，自己在践行社会主义核心价值观的过程中存在哪些不足；

e. 思考并规划自己在未来应该如何更好地践行社会主义核心价值观。

④具体实施。

a. ×月×日，发布本期"发现生活"的主题及任务要求；

b. ×月×日—×月×日（20天），让学生去观察和发现典范，并认真记录其思想、行为与事迹；

c. ×月×日—×月×日（5天），学生对照自身，分析并发现自己的不足；

d. ×月×日—×月×日（5天），制订未来践行社会主义核心价值观的计划并提交。

⑤成绩评定。指导教师根据学生的观察记录、典范资料、自身规划三者的完成质量，来进行学生校外实践的成绩评定。

（2）注意事项

在发现生活中的社会主义核心价值观的践行典范这一实践活动中，高校学生应该以一个发现者、记录者、学习者和践行者的身份或者角色去完成这一实践任务，发现和记录的目的是为了更好地学习和践行社会主义核心价值观的基本要求，而非仅仅为了记录，这一点是高校学生必须明确和注意的。

此外，生活中有很多榜样人物值得我们学习，他们往往是自力更生、坚韧不拔、艰苦卓绝奋斗在某个领域的普通人，他们有很多我们要学习的地方，同时也有很多不为人知的苦楚、孤寂与辛酸。这就需要学生在近距离接触这些"最可爱的人"时要注意自己的交流、沟通的方式方法，要保护好他们的"伤口"，不要因为自己实践过程中的访谈和交流而又一次伤害到他们。

社会主义核心价值观是一个有机的整体，从个人到社会到国家。被发现和记录的生活中的优秀践行者虽然只是个体，但是从这一个个单个的个体身上，我们能够感受到抑或想象到无数个这样的个体所组成的社会、国家将会是怎样的。因此，虽然本期"发现生活"的主题所发现的社会主义核心价值观的践行典范多为个体，但是，每个人都应该时刻意识到社会主义核心价值观是一个有机的整体，个人、社会、国家三个层次之间并不是割裂的，而是有机结合在一起的。高校学生应该把个体的践行与国家、社会整体层面的要求、标准紧密结合起来，有全局意识，在整体思维的指导下去看待和践行我们的社会主义核心价值观。

（3）总结思考

"发现生活"是一个让高校学生贴近生活、观察生活、记录生活，进而学习优秀的人和事情的一个实践教学环节。因其实践性符合当代高校学生乐于探索实践的特点，所以在一定程度上能够把学生从网游、手游中解放出来，让他们从虚拟的游戏世界走出来，去观察和了解真实的世界，去发现真实世界中令人敬仰和感动的人和事。这是发现生活这一实践教学环节最为重要的一点，也是其值得长期持续开展下去的重要原因。

"发现生活"这一实践教学环节的设置，不仅仅是为了让社会主义核心价值观进入当代高校学生的头脑里、行为中，而且还为了让"思想道德修养和法律基础"课程当中的人生观、价值观、中国精神、优秀传统道德、法律意识等通过更接地气的方式进入到学生的头脑中，让他们发自内心、主动地去认同榜样们的思想，主动地去学习榜样们的行为，最终达到提升自我的目的。

思政课教师作为学生校外实践的指导教师，自身应该站在更高的角度去看待校外实践及其对于学生的意义，而不是完全局限于某个很小的限定的主题。只要学生能够经由生活、经由实践，有自己对人对事的认识，自身能力也能得到提升，这本身就是实践教学所要达成的目的。

4. 基地实践

理论讲授与实践锻炼相结合才是学生理解和掌握知识的最佳方式。高等院校历来非常重视实践教学基地的建设，力图将学生的校内学习与校外实践有机结合起来，真正达到学以致用的目的。但是就目前状况来看，高校的实践教学基地更多的是倾向于学生专业技能的实践。如司法类专业的实践教学基地多为各级基层法院、检察院；而文秘类专业的实践教学基地多为各类企业或者专为企业提供文秘类职员的公司抑或人力资源公司；社会工作专业的实践教学基地多为街道办事处、社区居委会或者各个社会工作专业机构。这些实践教育基地都是与学生的专业技能实习直接对接的，而专门的思政课实践教学基地则比较少。然而在当前社会思想多样、价值多元、生活方式也日益多元的背景之下，高校学生的思想和行为也日益多元。要想引导学生树立正确、科学的价值观，帮助其培养符合社会规范的行为方式，思政课教学就需要有一套行之有效的理论和实践相结合的教学方式。

思政课中的基地实践就是思政课教师带领高校学生走出校园，走到学校定点的校外实践基地，进行实地生产、制作或服务，真正以一名劳动者或服务者的身份去接触社会、感知社会、了解社会，进而服务社会。在此过程中教师要根据教学需要和教学目标引导学生有所思考和感悟，对人生、生活、工作、社会形成更为理性的认识，进而确立科学的世界观、人生观、价值观。一般来说，每一所高校所在的城市或地区，都有一定数量的历史文化古迹和红色革命遗址或者博物馆，这些地方都蕴藏着丰富的教学资源,可以作为高校校外实践教学的基地,让学生在思政课上学习知识的同时,深入到这些基地进行实践。例如,培养高校学生成为红色教育基地的实习讲解员、引导员等。让学生作为一名讲解员去为参观学习的学员进行相关史料的讲解,是一个非常好的历练机会,同时也有助于学生对于自己在课堂上和校园内所学知识有一个主动深化理解的过程。因为讲授与学习不同,学会了不一定就能完整顺畅地讲述出来,更不一定能讲好;而能够完整、清晰地把某一个史料或者知识点讲述给听众,讲述者本人一定是学懂了、学会了。由此可见,基地实践是一种真正有利于学生将课堂所学内容转化为自身实际行为的、不可或缺的实践教学形式。

思政课校外实践教学能够有效弥补课堂实践教学与校内实践教学的不足,校外基地实践教学给高校学生提供了近距离接触社会、了解社会的机会,同时也有助于锻炼和提升其职业技能。更为重要的是,它能够在真正的实践中修正学生的思想、理念和行为。

基地实践也是当前高校增强学生职业技能与素养的必要途径。基地实践从职业道德素养的角度看,能够通过真实的职业环境、职业生活让学生对职业有更为全面、立体的认识,同时体验职业生活的严谨,对职业产生敬畏之心,提升职业道德与职业素养;从思想道德素养的角度看,可以让学生对生活、对社会有真实的体验,懂得生活的不易,懂得父母每日工作养家的不易,懂得正确看待每一份职业及其从业者,树立一种积极向上的人生态度,进而建立正确的人生观与价值观。

(1)设计思路

以法律文秘专业学生为例。法律文秘专业对应的岗位群多是法院、检察院的书记员和检察官助理等,通常高校的法律文秘专业学生都以高校所在地的法院和检察院为校外实践基地,此类实践基地可谓"一举两得"。

在设计具体的实践教学活动时,可以结合"思想道德修养和法律基础"的"人生的青春之问"和"明大德、守公德、严私德"的相关内容展开,具体活动设计思路如下。

①实践方案的制订。校外实践是高校与实习单位为共同培养学生成长而建立的一种合作关系,学生应该严格遵守学校的实习规定,认真完成实习单位布置的工作,遵守实习单位的工作纪律;实习单位应该给学生在本单位实习提供支持与便利,高校与实习单位都希望学生在有限的实习时间

段内，能够学有所思、学有所获。与此同时，学生进行校外实践必须严格按照实践方案进行。一般来说，实践方案包括了学生实习的时间、地点、内容、注意事项，以及成绩的评定、学分认定等。实践方案是校外实践的基本指引，因此，必须在校外实践进行前制订一个完整的、贴合具体实践情况的校外实践教学方案。

例如，学生通过在当地法院实习，能够在实践体验的过程中，直接感知课上所学理论知识，从而加深对相关理论内容的理解。同时，也有利于帮助学生从书本走向现实，完成从理论到实践的飞跃，进而提高学生运用法律分析和解决实际问题的能力，使学生强化法律意识，增强法律修养，养成自觉依法办事的习惯。此外，还有利于学生的语言表达、写作及社交等各方面能力的培养和锻炼。

②校外实践前的准备工作。凡事预则立，不预则废。作为思政课的校外实践教学，思政课教师必须在校外实践教学活动进行前，就对此次实践教学所要达成的目的有一个清醒的认识，而实践目的的达成与思政课上所学的内容是密切相关的。以法律文秘专业所到的检察院、法院等实习基地为例，实践之前必须明确此次实践教学的目的，不但要让学生通过参与证据采集、庭审现场等活动，感受不同人的人生轨迹、人生目的、人生态度和人生价值，而且还要真实感受作为一名司法工作者对待工作应做到的有敬畏、严谨与缜密。简言之，从案件当事人身上可以看到不同人的人生观、价值观，从司法工作者身上可以看到职业道德。

③校外实践过程中的指导。校外实践过程中，学生要离开学校，进入实践单位。而单位不同于学校，有行业和单位固有的工作规范，参与校外实践的学生必须遵守。这一点，校外实践的指导教师必须给参加实践的学生以清晰的指导，如对于在司法系统实践的学生，指导教师必须明确指出违反工作操作规定可能造成的严重影响，一个很小的失误，既会给当事人造成严重影响，也会影响司法判决的公正性。此外，如果高校学生去到红色教育基地做讲解员，指导教师应该要求学生首先要全面了解教育基地的历史及概况，同时能够准确、熟练地向他人讲述教育基地的相关情况，讲红色故事，传递红色精神，做红色传人，不做有损基地和学校声誉的事情，不做违反基地规定的事情。总之，虽然学生走出校园，但是教师的指导不能缺位。

第五章 新时期思政课实践教学的发展

④校外实践后的交流分享。校外实践之前,思政课教师要给学生布置一些实践过程中需要注意观察和思考的问题。实践过程中每一个学生观察到的内容不同,每个人的体会和感悟也就各不相同。实践之后的交流分享环节,可以让学生分享自己的所见、所闻、所感。一方面,学生可以分享实践过程中的经历,感受干好一份职业的严谨与不易;另一方面,学生之间可以经由分享在思想上产生激烈的碰撞,对自己的人生有一个新的认识,修正自己的人生目的、态度和价值观,对职业心怀敬畏之心,理解职业道德对于个人发展与社会和谐的重要性。

⑤成绩评定。校外实践教学中,虽然教学的场域和形式发生了变化,但始终是思政课教学的重要组成部分,而且是必修环节,因此必须有一个严格而完善的考核环节。校外实践教学环节成绩的评定主要由三个部分组成:一是实习单位指导教师的评价,二是校内指导教师的评价,三是实践报告的撰写与实践后的分享交流。这三个部分可以较为全面地反映一个学生在校外实践期间的综合表现。

(2) 注意事项

不管是与提升职业技能的专业实习相结合的思政课校外实践教学,还是单纯的思政课校外实践教学,其目的都是为了让高校学生能够通过亲身参与社会实践,对人生、对职业、对生活、对社会能有一个更为深刻、理性的认识。在基地实践活动结束之后,要让学生撰写接触专业的感知,通过撰写专业感知,促进高校学生对基地实践的再思考。例如,法律文秘专业学生到司法机关的校外实践,要求学生在实践中注意观察和分析司法工作者与案件当事人的言行举止,分析作为一名司法工作者应该具有哪些职业素养和职业道德;分析作为案件的当事人,在案件发生、发展过程中存在哪些需要改进的地方;思考自己在司法机关实践的过程中,与司法工作者、与案件当事人的交流沟通过程是否顺畅,有哪些做得不到位的地方;等等。

而到中国抗日战争纪念馆和禁毒教育基地进行实践的学生,很多在实践过程中经过培训,成为纪念馆或教育基地的讲解员负责为前来参观的人员进行讲解。这种单纯的思政课校外实践教学要求学生带着这些问题去实践:一个人的人生到底应该怎么过?自己应该以一种什么样的态度去面对未来的人生?只有结合自己的亲身实践,结合自己对于抗日英烈的近距离了解，或者结合自己对于吸毒人员的近距离接触，才能对上述关于人生目的、态度、价值等问题有一个比较清晰、深刻的认知。

实践教学中，教师的指导也必不可少，当学生在实践过程中遇到困惑、难题时，教师应该及时加以指导和解答。

基地实践过程中学生都身处校园之外，个人自身安全是最为重要的，指导教师必须将安全方面的注意事项及时传达给学生，并要求学生认真执行，确保基地实践期间的人身安全。

（3）总结思考

实践的目的在于深刻理解课堂上所学的理论，经由实践去验证理论的正确性。人生应该怎样度过，以一种什么样的态度去面对人生，什么样的人生才是真正有价值的人生，这些问题对于那些涉世未深的高校学生，仅仅依靠课堂上的讲解，只能一知半解，甚至会对思政课教师讲述的内容不以为然，只有他们自己亲眼看过、亲身体验过，才能真正对教师课上所讲内容有一个较为理性的认识。禁毒教育基地的实践，不仅仅是要告诉高校学生不能靠近毒品，更应该通过他们每天给他人讲述的一个个活生生的案例，让他们深刻感受到一旦沾染毒品，他们的一生就会如同案例中当事人那般家破人亡、妻离子散，身体每况愈下，更何谈人生发展、人生价值。

当代高校学生的权利意识日益觉醒且强烈，他们习惯从消费者、纳税人的视角去审视别人，对他人的要求也比较高，而对自己的要求和约束相比之下却要差一些。在司法机关的校外实践，让他们看到了做一名司法工作者的不易，职业道德看似基本要求，真要做到也非常不易，从而联想到自己未来也将是司法系统的一员，也要遵守并严格执行职业职责与职业道德。同时，也要让高校学生反思，如若司法系统的工作人员有违职业道德、徇私枉法，那么社会将会面临怎样的危险，进而懂得道德在不同领域的重要性，懂得个人品德、家庭美德、职业道德、社会公德对于社会、国家及对于每个人的重要性。

5. 公益活动

公益，顾名思义就是社会公众的福祉和利益，公益活动是公民参与精神的重要表征，也是增加公众社会福祉的重要途径。在组织公益活动时，既要遵循公德、符合公众的意愿，更要营造一种全民参与的良好氛围。

虽然古代没有"公益"一词，但是公益的理念和践行公益的行为中国自古便有，只是囿于当时的时代背景，公益仅仅在那些有能力参与公益的人群当中流行。因为受当时封建制度的束缚，社会生产力水平较低，人们的整体生活质量不高，大部分人也只能是勉强度日，参加公益活动的能力也比较有限。步入现代社会后，随着物质生活水平的提高，人们对于精神生活的要求也日益提升，要满足人们的精神需求，除了通过各类文化体育活动之外，还需要诸多能够体现现代人社会价值的公益活动。参加公益活动有助于现代人施展自己的才能，奉献自己的爱心，为有需要的人、为社会贡献自己的一份力量，也有助于促进社会和谐。

当今时代，交通、通信、社交媒体异常发达，高校学生参与公益活动的媒介和平台也非常多，参加公益活动也有非常多的选择。既可以选择参与的方式，如线上或线下；也可以选择帮助的对象，如孤寡老人、残障人士等；还可以选择自己参与的途径，如学校组织或个体参与。无论是参加哪种形式的公益活动，都应该始终牢记"公益"二字的含义，坚持用最实在的行动诠释公益精神，积极参与公益，持续弘扬公益精神的良好氛围。

思政课实践教学中的公益活动就是思政课教师鼓励高校学生关注社会中各类群体的生活境遇，关心社会发展，积极参与社会活动，充分发挥自身的专业知识与技能，为社会上有需要的人群和组织贡献自己的一分力量，进而在参与公益活动的过程中对社会有一个更为全面、深入的认识的一种实践活动。高校学生参与公益有充分的选择空间，可以充分发挥自己的专业所长，真正选择社会所需且自己感兴趣、有能力胜任的公益活动。例如，法制宣传、环保知识普及、灾害预防与救助、爱心慰问与捐赠等公益活动。参与公益对于高校学生来说本身就是一种体验和历练，公益活动的对象各不相同，公益活动的内容也各不相同，高校学生在参与的过程中本身也在体验不一样的生活，让其突破了自己既有的生活，对生活的其他方面有了自己的认识和体会，也对象牙塔之外的世界有了比较直接的接触，和更为深入的认识和体会。加之现代社会通信技术发达，互联网、微媒体发达，让高校学生有了更多参与公益的途径，既可以在线下参与公益活动，也可以在线上参与网络公益活动，如公益歌曲的征集、通过网络发起对某些困难人群的帮助等。由此可见，公益活动让高校学生有了新的生活体验和感悟，这些是思政课堂上仅仅通过课堂讲授难以达成的效果。由此可见，公益活动是一种非常好的校外实践教学形式。

结合"思想道德修养和法律基础"中"尊法学法守法用法"这一章的相关内容设计公益活动，来说明公益活动实践设计的思路及要点。

(1) 设计思路

作为思政课实践教学的重要方式之一，公益活动历来都非常受高校学生的欢迎。学生走出校园，走入社会，在帮助他人、启发公众的同时升华自我，这是一种集学习、实践于一体的非常有助于高校学生历练、成长的活动。高校学生可以参与的公益活动有很多，形式也是多种多样，结合"尊法学法守法用法"的相关内容来设计公益活动。公益活动的主题与内容应该紧紧围绕第六章的法律展开，在当前我国全面推进依法治国，加快建设社会主义法治国家的基本背景之下，开展有关法律的公益活动，既有助于学生对课堂所学有关法律素养与法律基础知识的理解，也有助于激发学生学习的动力，用自己课堂所学的知识去服务公众，服务有需要的人，通过自己的行动与努力来唤醒或提升公众的法律意识，推动中国法治化的进程。

①主题确定。公益活动是面向公众开展的活动，因其公益的性质，辐射面越广，影响到的人越多，受益的人数就越多，公益活动的意义和公益精神才越能得到彰显。因此，公益活动不但要有一个具有感召力的主题，而且要有一个响亮的、让人印象深刻的口号，以便更好地宣传此次公益活动，让更多的人知晓此次公益活动，进而有意愿加入公益的队伍当中来。

活动主题：深入开展法治教育，全面推进法治建设。

活动口号：共筑中国梦，同铸法治魂。

②实践目的。通过高校学生深入基层进行法治宣传教育，一方面让更多的人知法、懂法、守法、用法，唤醒公众的法治意识，提升公众的法治素养，推动我国的法治化进程；另一方面以此活动为契机，让学生了解当前我国推进依法治国所面临的基本国情，激发学生学习"尊法学法守法用法"的动力与热情，让学生有学习的紧迫感和责任感。只有自己真正理解了、掌握了课程中法律的基础知识，才能有底气去对公众进行法治方面的宣传与教育工作。

③任务要求。

a. 以班级为单位开展法治宣传教育活动；

b. 班级之内分为若干个小组，每个小组负责不同的法治宣传内容，小组内部分工明确，有学生负责法治宣传内容的整理，有学生负责宣传版面的设计，有学生负责发放宣传品，有学生负责现场法律知识讲解；

  c. 认真进行宣传教育活动，并记录自己每天进行宣教的过程与效果；

  d. 保存活动期间的相关资料与照片；

  e. 活动结束后，以小组为单位进行宣教活动情况汇报，一方面汇报本小组的法制宣教的具体情况，一方面分享本小组成员在参加公益活动过程中的体会与收获。

  ④具体实施。

  a. ×月×日，发布本次公益活动的主题及任务要求；

  b. ×月×日—×月×日，学生深入基层社区进行法治宣传教育活动；

  c. ×月×日，小组汇报宣教活动的情况与体会收获。

  ⑤成绩评定。根据学生参与活动的实际情况及其实践成果汇报交流中的表现，进行综合评定，并结合小组等级评定完成对每个学生实践活动成绩评价。

  (2) 注意事项

  随着时代的发展，高校学生参与公益活动的方式、内容和对象也越来越多样化，但是不管方式、内容如何变化，公益活动的服务对象除了一般公众，更为主要的是各类"困难群体"。所谓"困难群体"，不只是传统意义上的经济贫困人群、孤寡老人、残障人士，还包括经济上并不困难，但在精神方面、社会关系方面陷入困境者，这些身处困境，需要被关注和帮助的人群，也是一个极其脆弱的群体。公益活动是为了他们或者公众福祉、利益而开展的活动。因此，一定要保护好这类困难群体的利益与隐私，不能伤害到他们。

  高校学生参与公益活动，是一个展示当代高校学生社会责任与精神风貌的窗口与平台。在参与公益活动的过程中，高校学生一定要注意自身的言行举止，不能做出有损当代高校学生形象的事情，要时刻牢记自己参加此次活动的目的是为公众服务，在遇到突发事件时，应该展现高校学生积极向上、有责任有担当的精神面貌。

  作为思政课校外实践教学的环节之一，公益活动是有组织的集体活动，学生参与集体活动就应该严格遵守活动的纪律要求，遵从公益服务的宗旨，按照学校和公益活动主办方的基本要求行事，不得私自行动，或者做出有违公益价值伦理的事情。

(3) 总结思考

高校学生参加公益活动，其目的就在于通过接触公众、了解公众，来体会民情、感悟民生，进而陶冶其情操，启迪其智慧。因此，公益活动最为重要的两点就在于公益活动过程中学生的行为表现和公益活动后学生的感悟与体会。很多时候，作为实践教学方式之一，思政课教师或者学校对于学生具体参加公益的实践过程要求非常严格。一方面确保师生与服务对象的安全，另一方面确保公益服务的质量。很多时候对参加公益服务之后，高校学生的心理感受与体会不够重视，这一点需要引起我们的注意。

接触公众、感受民生，很多时候高校学生在参加完公益活动后，会有一种失落和沮丧的感觉，同时还有一种深深的无力感，感到自己对于改变困难群体现状是那么无力和无奈，进而对现存的国家制度、政策、体制产生不满和怀疑。这时候就特别需要思政课教师对其进行一个合理、理性的引导，引导高校学生走出消极、偏激的思想阴霾，对当前的社会、政治制度、政策、法律等进行一个理性的分析，帮助高校学生使用理性思维去思考和分析社会现象、社会群体。培养学生从建设性的角度去看待问题、有效地解决问题，而不仅仅是哀怨和批判现状。

学生参加公益活动只是单个的活动，而公益活动、公益服务是一个长期持续的过程，只有长期持久的公益服务，才能在社会中体现出公益的力量和公益对于社会的影响。因此，作为思政课实践教学方式之一的公益活动，要让学生通过参与公益，意识到公益是一个长期的事业，需要公众一起来努力，建立公益制度，搭建公益平台，丰富公益载体，在全社会培育一种公益氛围和公益文化。唯有如此才是真的公益，才能真正将公益精神及其价值体现出来。

作为当代高校学生，在日常生活中，可以通过各种途径学习法律知识，掌握法律方法，参与法律实践，养成法律习惯，守住法律底线，进而在学习和生活中逐渐提高法治思维能力，培养法治思维习惯。与此同时，也要不断提升自己的道德素养，做一名道德高尚、行为规范的时代新人。

参 考 文 献

[1] 佘双好，王珺颖. 新时代思想政治理论课建设的新举措与新变化 [J]. 思想理论教育，2020（5）：12-17.

[2] 孙在丽. 新时代我国普通高等学校思想政治理论课教师队伍建设研究 [D]. 北京：中共中央党校，2019.

[3] 朱飞. 高校课程思政的价值澄明与进路选择 [J]. 思想理论教育，2019（8）：67-72.

[4] 孙立军，刘爱军. "六个要"与思想政治理论课教师素养提升 [J]. 思想理论教育导刊，2019（7）：28-33.

[5] 沈壮海，董祥宾. 论新时代思想政治理论课的改革创新 [J]. 思想理论教育，2019（5）：10-15.

[6] 田磬. "互联网+"背景下高校思想政治理论课教学设计路径探析 [J]. 学校党建与思想教育，2019（9）：70-72.

[7] 冯刚，张欣. 深刻把握思想政治理论课理论性与实践性相统一的价值意蕴 [J]. 新疆师范大学学报（哲学社会科学版），2019，40（5）：78-84；2.

[8] 肖贵清. 新时代高校思想政治理论课的守正与创新 [J]. 思想教育研究，2019（3）：80-84.

[9] 冯刚，严帅. 改革开放40年高校思想政治教育管理的发展历程 [J]. 北京师范大学学报（社会科学版），2019（1）：10-22.

[10] 柳礼泉，杨葵，汤素娥. 思想政治理论课高效课堂的建构维度 [J]. 思想理论教育导刊，2018（12）：86-90.

[11] 胡洪彬. 课程思政：从理论基础到制度构建 [J]. 重庆高教研究，2019，7（1）：112-120.

[12] 周洲. 高校思想政治理论课亲和力提升路径探析 [J]. 思想理论教

育导刊，2018（10）：107-110.

[13] 王海建．"00后"大学生的群体特点与思想政治教育策略［J］．思想理论教育，2018（10）：90-94.

[14] 黄蜆，陈光灿．"双一流"背景下思想政治教育实践教学创新发展探析［J］．西安文理学院学报（社会科学版），2018，21（2）：54-58.

[15] 聂菁．新媒体背景下高职思想政治理论课改革研究［D］．长沙：湖南农业大学，2017.

[16] 董前程．高校思想政治理论课教学模式改革研究［D］．哈尔滨：东北林业大学，2017.

[17] 王炳林．教师是上好思想政治理论课的关键所在［J］．思想理论教育导刊，2017（1）：14-18.

[18] 王忠．大学生思想政治教育实践育人机制创新研究［D］．长春：东北师范大学，2016.

[19] 李晓莉．思想政治教育协同创新研究［D］．兰州：兰州大学，2016.

[20] 周铮．互联网思维下高校思想政治理论课微课教学研究［J］．湖南广播电视大学学报，2016（1）：92-96.

[21] 李晔．大学生主体性思想政治教育实践研究［D］．西安：陕西师范大学，2015.

[22] 胡新峰．大学生思想政治教育机制研究［D］．长春：东北师范大学，2014.

[23] 王双群．社会主义核心价值体系融入思想政治理论课教育教学研究［D］．武汉：武汉大学，2014.

[24] 罗志远．互动式教学法在高校思想政治理论课教学中的运用研究［D］．贵阳：贵州师范大学，2014.

[25] 雷儒金．高校思想政治理论课教学方法改革研究［D］．武汉：武汉大学，2012.

[26] 王春霞．大学生思想政治教育实践教学探析［J］．沧桑，2011（1）：39-40.

[27] 董敏秋．论思想政治教育实践教学模式的构建［J］．理论界，2006

（3）：142-143.

［28］张雷声. 思想政治理论课教学的境界［M］. 北京：中国人民大学出版社，2018.

［29］吴潜涛. 思想政治教育教学与研究［M］. 北京：中国人民大学出版社，2018.

［30］程艳，丁祥艳. 高校思想政治理论课"听读写说行"教学模式研究［M］. 北京：新华出版社，2020.